唐　濛◎编著

陪伴浙江大学城市学院

兴学二十年

胡建雄 访谈录

新創是求

ZHEJIANG UNIVERSITY PRESS
浙江大学出版社

序

　　2019 年是浙江大学城市学院建院二十周年。二十载栉风沐雨，二十载砥砺奋进。在浙江大学和杭州市人民政府的大力支持下，城市学院以培养高素质应用型、复合型、创新型人才为己任，努力发挥名校办学、政府支持、机制灵活的优势，坚持高起点、高质量办学，紧密结合地方经济社会发展需求，取得了跨越式发展和良好的社会声誉。

　　在城市学院创建和发展的二十年历程中，有一位令人十分尊敬的创建者、引领者和陪伴人，他就是城市学院顾问、学院专家咨询委员会主任胡建雄先生。

　　1999 年，浙江大学城市学院筹建，时任浙江大学校长潘云鹤邀请浙江大学原常务副校长胡建雄教授担任城市学院顾问。作为城市学院的创建者之一，胡建雄顾问二十年来始终如一地关怀着城市学院，精心指导城市学院的办学定位和发展思路。虽然他身体时有病痛，甚至数次病情严重，但他仍竭尽心力为城市学院献计策、谋发展。他建议工程学院成立"工业中心"；他关心传媒学院"会展中心"的发展动态；他对商学院"家族企业研究中心"的课题研究兴趣盎然；他为医学院"国际健康科学中心"的建设欢欣鼓舞。与此同时，他更是利用长期工作中积累的资源和人脉，不遗余力为城市学院牵线搭桥，让一批香港企业家和社会贤达为学院捐资助学。

　　我自 2008 年到城市学院工作以来，有幸得到胡建雄顾问的悉心指导和帮助。每年数次登门讨教或随意漫谈，都收获满满。他长期担任浙江大学领导，博闻广记，高瞻远瞩，诲人不倦，总让我豁然开朗、如沐春风，也更感动于他心系浙大、心系城院的殷殷之情。在 2018 年 9 月的一次交谈中，我斗胆提议胡建雄顾问用文字回顾和记录二十年来的建院思想、办学理念、关键节点和重要事件。胡建雄顾问欣然允诺，并不辞辛劳多次接受访谈。城市学院组织了采写团队，请城市学院传媒与人文学院唐濛老师主笔，及时将访谈和相关内容整理汇编成册。此书从胡建雄顾问的视角回望他亲身经历的浙江大学和城市学院的发展历程，对城市学院办学历史的回顾和经验总结具有重要的价值。

　　胡建雄顾问以一位长者的慈祥和智者的智慧呵护陪伴城市学院的成长和发展。站在建院二十周年的新起点上，回望过去，总结经验，必将激励城院人继续发扬光大求是创新、艰苦创业的城院精神，向着建设高水平应用型大学的目标愿景奋发努力。

浙江大学城市学院党委书记　吴健

2019 年 8 月 21 日

前　言

　　胡建雄，浙江大学原常务副校长，教授级高级工程师。1937 年出生，原籍安徽绩溪。1953 年，参加中国人民解放军，入列中国人民海军预备学校，海军航空兵第二航校任学员、教员。1958 年随军转业浙江，调干学习，就读杭州工学院机械系。1960 年毕业留校任教。1961 年杭州工学院并入浙江大学后，入职浙江大学科学处，承担科研管理工作。"文革"结束后任浙江大学科研处副处长，协助杨士林校长主持科研管理工作。1984 年起受命担任副校长后，分别主管后勤、科研。1992 年起任浙江大学常务副校长，协助路甬祥校长全面主持行政工作。1998 年四校合并后，卸任常务副校长，担任浙江大学发展委员会执行主席、浙江大学科技战略发展研究中心学术

2018 年 10 月 18 日，胡建雄和夫人范志进在浙江大学城市学院

委员会主任、浙江大学城市学院顾问。

1984年以后，胡建雄连任教育部（国家教委）科技委员会委员兼管理学部主任；教育部、科技部全国大学科技园评审专家组（江北片）组长；教育部省部共建大学评审专家组组长；国家"211工程"、"985工程"专家组成员；曾任浙江人民对外友好协会副会长。

任职期间，他组织实施了国家工程研究中心、国家工程技术中心、国家重点实验室、专业实验室的申报、论证和建设工作。受路甬祥校长委托主持了"211工程"的申报，并做了主题报告。新中国成立50周年之际，在《人民日报》发表文章《大学要走到社会的中心》，推进教学、科研、生产三结合。在教育部和浙江省联手组织杭嘉湖开发、直属高校参与杭嘉湖开发时，担任杭嘉湖联合开发协调联络小组组长。

他曾先后被授予"浙江省劳动模范""全国国防科研先进个人""全国教育战线先进工作者""全国科技成果推广金牛奖"等荣誉称号。

1999年，浙江大学与杭州市人民政府、浙江省邮电管理局共同发起创办浙江大学城市学院。胡建雄应浙江大学校长潘云鹤邀请就任浙江大学城市学院顾问，充分利用各方资源来帮助新学校的创建工作。2006年，又担任了城市学院专家咨询委员会的主任，为城市学院的发展提供决策性意见。如今，城市学院经历了四任院长，而胡建雄一直陪伴着城市学院走过了二十个春夏秋冬。在担任顾问期间，胡建雄高屋建瓴帮谋划，四方通达引资源，为城市学院的发展尽心竭力。经过二十年的发展，浙江大学城市学院已经成为一所机制灵活、特色鲜明、质量优良、声誉渐隆的新型本科高校，已向社会培养输送了五万余名高素质毕业生，为推动我国高等教育创新和区域经济社会发展做出了积极贡献。2018年，浙江大学城市学院全面实施公费招生，并启动转设省管市属公办普通本科高校事宜；同时，积极探索与浙江大学工程师学院的融合发展，成为浙江大学一流办学体系中独具特色的组成部分。这些成绩的取得，离不开各级领导、社会各界的关心支持，全体师生员工的共同努力，同样也凝聚着胡建雄的一份心血。

城市学院依托浙大，立足杭州，高质量、高起点办学，从创建之初就有着广阔的发展前景。但一所新学校的初创之路总是艰难的，首先面临的便是办学机制、办学模式的确立和创新。胡建雄以他开阔的视野、超卓的远见、深厚的学养、丰富的经验，为城市学院的初期定位和发展提供了许多指导和帮助。他与市、校领导及城市学院班子共同探索城市学院的办学体制、模式创新，一开始就确立了城市学院实行董事会领导下的院长负责制，并与杭州市人民政府共同组建产学研合作委员会，邀请国际知名学者、教授组成专家咨询委员会等，为城市学院今后的发展奠定了坚实基础。

二十年来，胡建雄始终如一地关心城市学院的办学实践，关注城市学院的未来发展方向，在教学、科研、管理等方面提出了许多很好的建议。如在2005年城市学院教育教学工作会议上，胡建雄提出了许多教育理念和工作思路，从城市学院的功能定位，到学科规划、专业设置，再到学生的成长成才等，都给出了操作性很强的指导意见。这些意见在城市学院此后的办学中都有体现，并取得良好效果。胡建雄还非常关心城市学院的产学研平台建设，像工业中心、会展中心、国际健康科学中心等的设立和发展，背后都有他的重要推动和辛劳付出。

胡建雄还利用自己丰厚的人脉关系，为城市学院引来各种办学资源，有政府资源、专家资源、企业家资源等。这些资源在城市学院的办学过程中发挥了重要作用。城市学院创建之初，胡建雄曾与时任市长仇保兴共同商议办学资金的筹措问题。城市学院的专家咨询委员会中，就有不少是胡建雄的好朋友，他们参与到城市学院的教学、科研建设中，成为城市学院办学的高端智库和重要"外援"。又如胡建雄的很多香港企业家朋友，邵逸夫、查济民、陈曾焘、魏绍相、唐学元、金维明等，都是热心公益事业、关心支持教育的爱国人士。他们捐资帮助城市学院建设实验室、教学大楼，设立各种奖学金支持优秀教师和学生开展教学、科研、实践和国际交流活动。

2019年是浙大城市学院建校二十周年。值此重要节点，回顾二十年艰苦创业、开拓进取的历史，总结办学经验，有助于重温初心，牢记使命，审视当下，展望未来。踏着我国高等教育大众化浪潮的节拍，胡建雄已经陪伴城市学院走过二十年，见证了城市学院从初创到壮大的整个发展过程，亲历了城市学院创业的每一个重大事件，对城市学院的办学实践也有诸多思考与体悟。作为城市学院办学的主要设计者、关键推动者、重要见证者，从他的特有视角观照和回望城市学院办学历程具有无可替代的重要史料价值和现实指导意义。

此书主要内容为胡建雄顾问的采访记录、胡建雄顾问对城市学院办学理念的阐述等。借此向城市学院创建二十周年献礼。

目　录

第一章 浙江大学百年办学实践孕育出硕果

　　浙江大学城市学院的创办，是和浙江大学百年的发展历程息息相关的。我认为，浙江大学对城市学院的影响主要是"求是精神"，践行的是教学科研与生产实践相结合，为经济社会发展服务的办学方针。

——胡建雄

胡建雄口述

浙江大学城市学院的创办，是和浙江大学（简称浙大）百年的发展历程息息相关的。我认为，浙江大学对城市学院的影响主要是"求是精神"，践行的是教学科研与生产实践相结合，为经济社会发展服务的办学方针。所以，我想先回溯浙大历史上的一些重要发展阶段，讲讲那些时期浙大师生秉持"求是精神"，坚持教学科研和社会实践相合的重要事迹，这些对于说清楚浙江大学城市学院的创立、发展和未来都是很有必要的。

湄潭办学，艰苦岁月育英才

说到"求是精神"，就要先从浙江大学在湄潭办学的那段"西迁"历史讲起。这段"西迁"历史是浙大办学过程中重要的里程碑。正是在"西迁"路上，竺可桢校长将"求是"确立为浙江大学的校训。

1937年9月，我们的校长竺可桢带领师生从杭州出发，横穿浙江、江西、广东、湖南、广西、贵州6省区，行程2600多公里，历时两年半。整个"西迁"过程非常曲折，"西迁"路上曾先后在於潜、建德、泰和、宜山等地办学，最终将校址迁到贵州省遵义、湄潭，并在那里办学7年。

在湄潭那段生活极其艰苦的岁月里，竺可桢校长坚持倡导"求是精神"，强调科学研究与社会实践相结合的办学方针。我记得竺可桢校长在1940年浙大建校纪念会上说过一段很重要的话："浙大之使命，抗战中在贵州更有特殊之使命。昔阳明先生贬窜龙场，遂成'知难行易'之学说，在黔不达两年，而闻风兴起，贵州文化为之振兴。阳明先生一人之力尚能如此，吾辈虽不及阳明，但以一千师生竭尽知能，当可裨于黔省。"竺可桢校长引用了明代思想家、哲学家王阳明在贵州龙场悟道的事例来鼓励浙大学子在湄潭做出一番成就，振兴贵州的经济和文化。我认为，浙大的"求是精神"和王阳明的"知行合一"是相通的。浙大的师生在湄潭就是这样做的，一方面坚持科学研究，探求真理，一方面将科研与生产结合起来，为当地的经济建设服务。

英国李约瑟博士来湄潭做报告，听报告者有王淦昌、贝时璋、王葆仁、丁绪宝、丁绪贤

当时的浙江大学汇聚了一大批国内外颇有盛名的科学研究人才，像竺可桢、苏步青、陈建功、王淦昌、卢鹤绂、谈家桢、贝时璋等，个个都是各自研究领域的大师级学者。他们在遵义、湄潭潜心教学、研究，还大搞社会生产，为当地的经济建设服务。

在教学方面，湄潭培育了一大批优秀人才。像诺贝尔奖获得者李政道，像叶笃正、谷超豪和程开甲3位院士都曾在湄潭求学。李政道回忆在湄潭读书的场景时说，那时湄潭的生活条件和学习环境都十分艰苦，为了节省桐油，很多学生晚上都要夹着书本到外面一家茶馆看书。他常常去茶馆，泡一杯茶，看书、解习题，一待就是一整天。

在科学研究方面，最重要的要属王淦昌教授的中微子研究。在那么艰苦的条件下，王教授一直坚持科学研究，在湄潭时期发表了《中子的放射性》《关于探测中微子的建议》等6篇论文。王淦昌教授后来取得了卓著的成就，他是我国的两弹元勋、核物理学家、中国科学院院士，记得他曾强调过，湄潭期间是他的黄金时代，自己的一批重要成果就出自湄潭。还有核物理学家卢鹤绂教授，他原来在美国求学，抗战期间毅然回国，先是在中山大学任教，后应竺可桢校长邀请来浙江大学讲授物理学。在浙江大学教学期间，正好美国在日本广岛和长崎投下了两颗原子弹。卢鹤绂教授根据自己掌握的核裂变知识，在湄潭写出了两篇著名的论文，清楚地阐述了原子弹爆炸的基本原理，他也因此被誉为"世界上第一个揭开原子弹秘密的人"。

生物系的谈家桢教授，当时在湄潭研究瓢虫。生物系当时迁到湄潭一个破旧不堪的祠堂里，教学、研究条件都很差。但是就是在湄潭的6年时间里，谈家桢教授在研究上取得了重要的成果。他的一些代表性论文就是在这段时间完成的，同时还培养了以后在科研、教学上成绩卓著的第一代研究生。关于那段时光的瓢虫研究，谈家桢在回忆录中这样写道："在瓢虫的鞘翅上，黄色和黑色组成了不同的斑点类型，在它们的第二代身上，它们父体和母体所显示的黑色部分均能显示出来，而黄色部分则被掩盖住。这种现象以前实验中从未发现过，我为之兴奋。"这一发现后来被称为嵌镶显性现象。没过几年，美国《遗传学》杂志发表了谈教授的论文《亚洲瓢虫色斑嵌镶显性遗传论》。这一研究成果丰富和发展了摩尔根学说和现代综合进化理论，在国际学术界引起巨大反响，也使谈家桢成为国际知名的生物学家。

贵州湄潭，浙江大学生物系谈家桢和教师一起

　　浙大师生当时做得更多的还是把自己掌握的科学知识运用到当地的生产实践中去，帮助当地发展经济。像浙大化工系（现在也是浙大的重要专业）以当地的柏籽油为原料，办起了肥皂厂。浙大生产的白色肥皂，去污力强，并且物美价廉，很受当地老百姓的欢迎。浙大地质系刘之远老师在湄潭期间发现了遵义团溪乡的"锰矿"，并在所发表的论文中记述了4个矿区及其蕴藏量。正是根据刘之远的研究成果，遵义铁合金厂在1985年投产，成为我国首家专业生产铁合金的企业，结束了我国过去铁合金长期依赖进口的历史。1939年9月，国民政府经济部中央农业实验所与中国茶叶公司在湄潭联合成立中央实验茶场，著名茶叶专家刘淦芝担任茶场场长。浙大农学院迁入湄潭后，刘淦芝兼任农学院教授。在学校帮助下，农学院建设了占地200多亩的中央茶场试验地。1943年，民国中央实验茶场与浙江大学在湄潭联合创办贵州省立实用职业技术学校，主要开设以茶树栽培管理、制茶等为主的专业技术培训。湄潭茶场通过在全省各地建立茶叶技术推广站、传授茶叶种植加工技术、举办茶叶干部培训班等形式，进行科技推广和技

术服务，为贵州省各茶区培养了大量的茶叶科学技术人才，对推动贵州产业生产发挥了重要作用。在这 7 年的时间里，当地人与浙大师生相处融洽，浙大为地方经济也作出了突出贡献。

浙大在湄潭还有个好的传统，就是在每年的 6 月 6 日举办浙大"工程节"，当天浙大所有的实验室和工场向当地人免费开放。当时湄潭没有电，老百姓就连日光灯都没见过。浙大物理系搬来后，在湄潭边的双修寺内建起了简易的物理楼，布置了电学、光学等 4 个物理实验室和 1 个修理工场。1942 年 6 月 6 日浙大实验工场第一次对外开放。当时发电机组的师生利用土法发电，用两只装满水的大木桶放在高处作为水源，用水冲击一台小型水力发电机，使许多灯泡发出耀眼的光亮，这让当地民众大开眼界。后来，竺可桢校长决定在每年的 6 月 6 日，浙大所有的实验室和工场向当地人免费开放。他告诉各个系，不要吝啬，要让湄潭百姓了解科学，这样百姓才能更好地支持浙大办学。

新中国成立初期，坚持教学、科研与生产三结合

中华人民共和国成立后，浙大回迁至杭州大学路和华家池老校区。1953 年开始，又在老和山下建立新校园，就是现在的玉泉校区。在办学上浙大仍延续了在湄潭形成的科学研究与生产实践相结合的教育方针。

说到这里，我先提一下自己的情况。我是 1960 年进入浙江大学工作的。那年杭州工程技术学院（简称杭工院）并入浙江大学，我原来是杭工院机械系的，和杭工院的很多同事一起进入浙大工作，我被分配到浙大科研室。当时科研室的工作分为三条线：科研、情报和研究生工作。我分管科研这条线。

那段时间，浙大科研的特点就是紧密联系生产实际。那个时候的政策也已经开始重视发挥知识分子在社会生产劳动中的作用了。那几年有两个重要的会议，都强调了知识分子的重要性，肯定了科学技术对国家政治、经济和文化等方面的决定性作用。

一个是 1956 年 1 月中共中央召开的知识分子问题会议。周恩来总理在做《关于知识分子问题的报告》时，根据中国知识界的实际情况，明确确认"他们中间的绝大部分已经成为国家工作人员，已经为社会主义服务，已经是工人阶级的一部分"。报告指出，为了实现社会主义工业化，"必须依靠体力劳动和脑力劳动的密切合作，依靠工人、农民、知识分子的兄弟联盟"。报告首次提出，知识分子已经成为我们国家的各方面生活中的重要因素，他们中间的绝大部分已经是工人阶级的一部分。正确地解决知识分子问题，更充分地动员和发挥他们的力量，为伟大的社会主义建设服务，已成为我们努力完成过渡时期总任务的重要条件。报告分析了世界科学技术发展的形势，确定了科学技术是关系国防、经济和文化各方面的有决定性的因素，并向全国人民提出了"向现代科学进军"的任务。毛泽东在会议最后一天讲话，号召全党努力学习科学知识，同党外知识分子团结一致，为迅速赶上世界科学先进水平而奋斗。"向科学进军"的口号，对知识分子来说是非常有感召力的。

另一个是 1962 年 3 月中央科学小组在广州召开的科学技术工作会议。会议上，周恩来总理提出为知识分子"脱帽加冕"的口号，说："我们的科学家和知识分子是人民的科学家、社会主义的科学家、无产阶级的科学家，是革命的知识分子，应该取消资产阶级知识分子帽子。"周总理认为知识分子是人民的一部分，并坚持将这一论断写进二届人大三次会议的《政府工作报告》。

"大跃进"之后，三年困难时期，国家提出了"教育为无产阶级政治服务，教育和生产劳动相结合，科技工作面向国民经济主战场"这样的教育科研方针，提出教学和科研要与社会生产结合起来，促进学校工作全面发展。时任省委常委兼浙大校长的周荣鑫，根据国家的方针，也提出了浙大"一主二副三结合"的教育方针，就是教学为主，科研和生产为辅，教学、科研和生产三者结合。所以，在 20 世纪五六十年代，浙大教师一如既往开展教学与科研工作，把教学和科研的成果运用到社会生产服务当中。

那个时候浙大取得了不少科研成果，也切实解决了国内工业、农业生产中遇到的一些重大问题。我印象中比较深刻的科研成果有"双水内冷发电机"项目和"250万幅/秒高速摄影机"项目。"双水内冷发电机"项目在1964年补发了国家发明一等奖，1978年获全国科学大会奖。"250万幅/秒高速摄影机"项目也在1978年获全国科学大会奖。

　　"双水内冷发电机"项目是郑光华、汪槱生、陈永校三位老师带着一个团队完成的。他们先是在学校里开辟了一个试验工场，把校内一台12.5千瓦的旧电机改制成60千瓦的新型冷却发电机进行试验。这个试验项目得到中共浙江省委的大力支持。1958年6月28日，省委第一书记江华接见了浙江大学参加双水内冷研究的同志，还指定将萧山电机厂正要投产的一台750千瓦凸极汽轮发电机改制为3000千瓦的新型冷却电机，并指示杭州市有关部门协助浙江大学和萧山电机厂解决材料供应问题。经过艰苦卓绝的努力，课题组设计的3000千瓦凸极式双水内冷发电机终于在1958年9月于萧山电机厂试制成功。1958年11月2日，国家主席刘少奇在视察浙江大学时也参观了双水内冷发电机。双水内冷发电机的研制成功，解决了我国大容量发电问题，推动了我国发电机制造业的大发展。双水内冷发电机最多时达到了全国装机容量的20%以上，其中上海电机厂依照浙大方案，于1958年10月成功试制了12000千瓦隐极式双水内冷发电机，震惊世界。当年，中国代表到俄罗斯开电机会议，宣布中国成功研制双水内冷发电机，这让所有外国专家大为吃惊。此后，很多国家都着手于双水内冷发电机的研制，这项技术开始在全世界广泛应用。

　　另一个很有影响的成果是"高速摄影"项目。"高速摄影"项目开始研究的阶段是在"大跃进"的时候。最开始做这个实验研究的是王兆远，他是一个非常专注和执着的老师，也非常爱好摄像技术，买一个照相机就拆开研究，系里实验室所有相机都被他拆开过，用现在的话说是"自主性研究"。1963年，王兆远老师根据当时的资料，自立课题，成功研制出了380万幅/秒高速摄影机。

高速摄影机研制成功之后，国家计委、国家教委、国家科委都很重视，在 1964 年举办了"高教科技成果展览会"，旨在检阅并向中央汇报。教育部指示浙大要重点展出高速摄影机。展览在北京化工学院举行，不公开展出，中央领导都分批来看了。浙江大学的代表项目就是高速摄影机。现在回想起来，当时展览会上展出的东西都很厉害，浙江大学的高速摄影机，北京大学的人工合成胰岛素，清华大学的大坝水工，西安交通大学的材料强度，南京大学的草原找水项目等。

在 1965 年年末的全国高教展览会上，军队领导看到浙大的高速摄影机展品后，有意委托浙大光仪系研制在氢弹试爆时配置在现场的高速摄影机。1966 年 3 月初，由国防科委正式下达了为某训练基地研究所研制三台 250 万幅／秒高速摄影机的任务。当时，浙大有个相当规模的机械工厂，光仪系还有一个各种工序基本齐全的光学车间，里面不乏技术精湛娴熟、经验丰富的工人师傅和技术人员。因为项目的重要性和紧迫性，在接受了国家任务后浙大专门成立了以吴敏达、吕维雪、黄振华三位老师为核心的 20 人研究小组，还吸收了部分 61 级应届毕业生参与到项目中来。由于样机试验需要较大空间，还由省委出面协调借了花港招待所（现在的花港宾馆）的大厅进行调试。大家吃、住、工作都在礼堂，夜以继日地奋战了约一个月，终于在 11 月上旬如期完成了任务。共研制出三台相机，每台分装四箱，共 12 箱，由专用车皮从铁路起运，进试验场地。学校派出黄振华、冯俊卿和赵田冬三位教师随车进场，共同参与核试爆任务中的拍摄准备工作。

1966 年 12 月 28 日清晨，我国氢弹爆炸成功。我们也很快得知浙大研制的三台相机都拍摄到了氢弹起爆的序列照片，展现了由一个小点逐渐充满整个画幅的场景，图像清晰，取得了圆满的结果。这是一次氢弹原理性试验爆炸。随后，我国在 1967 年 6 月 17 又成功地进行了一次高能量级别的氢弹空中试爆，用我们第一次试验拍摄后经过进一步改造并改进性能的三台相机，拍到了令人满意的照片。

另外，值得一讲的还有曾任浙江大学医学院院长的王季午教授。他的传染病研究对当时的临床医学起到了很大的作用。1952年，他在浙江省临海地区发现了一种黄疸出血性的流行病，便亲赴临海调查研究，综合流行学和临床资料，首先提出了钩端螺旋体病的诊断结果，后来在尸体肾组织切片内找到了典型的钩端螺旋体，又从病人的血、尿和脑脊液中分离出此种病原体，并获得了纯培养，从而证实了钩端螺旋体病在浙江省的流行。该病的证实以及直接从人体组织中找到和纯培养钩端螺旋体成功，在国内尚属首次。

1954年，许多志愿军战士患肺吸虫病，王院长接受卫生部的任务，对肺吸虫病进行了大量临床和治疗研究，找到了最有效的治疗方法，后来在全国各地及朝鲜推广应用，对肺吸虫病起到了重要防治作用。同年，他又首次证实浙西地区急性血吸虫病的流行，并制定相应措施及时控制住疫情。

浙大还有其他一些与社会生产紧密结合的项目，像光学坐标镗床，这是一种高精密机床，是以校机械厂为主，机械系和光学系共同协作，完全自主设计制造完成。还有著名的"浙大长"萝卜，这是浙江大学农学院的吴耕民教授于1949年从杭州市郊区古荡农家选取的萝卜，经系统选育，成为大而长的丰产品种，据说最长的萝卜竖起来可以到一个成年人腰部。从1954年起，"浙大长"萝卜推广到全国及邻国。当时还出过一本连环画《怎样种"浙大长"萝卜？》，用绘画的方式指导农民种植"浙大长"萝卜。

这些成果充分展示了20世纪五六十年代浙江大学教师的研究实力。以"双水内冷发电机"为代表的一大批科研项目在当时的国民经济建设和社会发展中发挥了重要作用。

回头来看新中国成立后这二十年里，浙大能坚持"一主二辅三结合"的办法方针，坚持科学研究和社会生产相结合的办学指导思想，使高校从一个传授知识的场所变为一个创造知识的场所。当时我在浙大科研处，以科研处的名义发表了一篇论文——《要使应用科学同基础科学比翼高飞》，对我们的科研工作进行了总结。我认为浙大科研的特点是，在重视基础理论研究的同时着重加强应用科学课题的研究，并且提出了要搞好学科"杂交"，进行多学科大兵团作战；大胆应用新技术，开拓应用新领域，形成有自己特长的应用科学研究"拳头"。这个科研思路在现在看来，也是领先的。

建设科研基地，夯实浙大科研力量

20世纪80年代改革开放后，浙大开始重视科研基地的建设。

1978年后有两年时间浙大划归科学院领导，另外成都科技大学、黑龙江科技大学也划归科学院领导。这两年中，科学院院长钱三强兼任浙大校长，科学院每年给浙大一笔固定的科学研究（事业）费用，每年400万元，使学校有安排科学研究项目的自主权。同时学校有些专业还承担了科学院安排的科研协作任务。此外，钱三强同志还有一个明确的主张，浙大要开放，要安排浙大的教授到国外去考察。在钱三强同志主持的听取各系汇报的校务会议中，吕维雪的发言认为，现在我们的学科要把生命科学和人体科学、工程科学结合起来。他刚讲完，钱三强就马上激动地站起来说："讲得好，就是要这样做！"他接下去说："工程科学和人体科学一结合，就是生物医学工程。"他当时就拍板浙江大学建立生物医学工程专业。另一个，就是当时刘丹同志组织了一批专家教授到外国考察，考察之后了解了国际高等教育的发展，回来就开始推进学科系统化改造。把学院的院系结构由原来的7个系改成了14个系，原来物理和光仪是一个系，之后设立了物理系、光仪系；化工和化学是一个系，之后分为化学系、化工系；原来能源和机械是一个系，之后分开设立了能源系和机械系，这一举措得到苏步青教授的大力支持。苏步青教授访问剑桥大学回来之后，带回了79张照片，都是剑桥大学的CAD/CAN中心的照片，他把这些照片交给了刘丹校长。他说："我是搞计算几何的，现在你们要把计算机、几何学和工程学结合起来。"之后学校讨论了苏步青教授的建议，由机械系、计算机系、数学系三家合作，建设了浙江大学CAD/CAM研究中心，也就是现在的CAD/CG国家重点实验室的前身。当时最大的问题就是缺钱，没有钱！我们只好到处去要设备、要钱。

1980 年，蒋南翔重新担任教育部部长，他坚持要浙大回到教育部来。刘丹同志到科学院去开院务会议，向科学院院长报告了蒋部长的意见，浙大就重新回到了教育部。但这样一来，科学院支持的经费就没有了，教育部下拨的 70 万元科研经费更加捉襟见肘。1987 年教育部在中山大学召开大学规划会议。当时我参加了会议，大家讨论的一个共同话题就是我们科技人员太苦，住房问题解决不了，教授又没钱又没房子。所有大学都缺钱。怎么办呢？教育部口袋里也没钱。后来我们想到写信，向中央反映。当天晚上，中山大学一个副校长找了毛笔字写得很好的老师来执笔写了一封信，主要讲知识分子现在住房太小，科研人员不能安心科研，教学人员不能安心从教，希望中央能帮助解决困难。写好之后，30 多个学校的与会人员都签名了。签了之后怎么办？大家把信交给我带回设法呈报，我也没把握。刚好胡实同志到浙大来参观中心实验室，我陪他参观，参观之后我们两个人就聊了起来，我就冒昧地问："我有个事情能不能反映一下？"他问什么事，我就把写信的原委说了一下。他说"好，我和小平同志住在一个院子里，我带去"。一个星期后就得到了批复。教育部告诉我们，说"你们几个鬼写了一封信批下来了，有尚方宝剑要钱了"。邓小平同志是怎么批的呢？"请财经小组一议，再穷也要照顾科教。邓小平。"这个信批到了教育部，现在这段话也出现在《邓小平文选》里，信的原件档案存在教育部。这一年国家给直属高校基建费增加了 8000 万元。

我们深感大学必须要有自己的科研基地。在莫干山召开的教育部直属大学校长座谈会上，我们提出在大学建立几个重点实验室和专业实验室。这样就有了我们给教育部的《在大学建设科研基地的建议》。当时杨士林是浙大科研处处长，我是副处长，还有清华、北大、南大的科研处处长们，联名给教育部写报告，要求给我们拨款建立一些实验室。之后，教育部向国务院汇报，得到了批准，在教育系统建立一批重点实验室和专业实验室，把学校的科研基础稳定下来。我参加了国家实验室建设预研组的评审。在 1982 年和 1983 年，浙大申请建立了 4 个国家重点实验室和 3 个国家专业实验室。4个重点实验室是光学仪器实验室、液压实验室、半导体实验室和化工自动化实验室。3个专业实验室是科仪系的生物传感器实验室、能源系的燃烧实验室，还有电气系的电力电子实验室。

重点实验室运行两年后，浙大又启动了新项目。

当时国家计委和国家科委都在抓科研。国家计委科研司抓重大科研，国家科委科研司抓基础性科研。国家计委想把比较成熟的技术拿来进行工程性开发。这时，浙大的两个项目引起了国家计委的注意，一个项目就是化工自动化的项目。说到个这项目就要提到吕勇哉教授，他当时是化工系自动化专业的年轻教师，被派去美国进修，在美国共和钢厂当访问学者。我们知道炼钢厂在进行高炉熔炼的时候，必须进行自动化控制。铁水温度很高，1000多度怎么准确控制呢？控制温度、压力和流量，需要计算机。吕勇哉教授研究出高炉熔炼的计算机控制模型。就是通过计算机的控制，使得铁水熔炼的温度、压力、流量等都能实现自动化控制，使钢的质量、生产效率得到提高，成本得到降低。这在美国被认为是一个重大成果。那个时候改革开放不久，中国学者在外面取得的重大成果让国家非常重视，国内的报纸也马上报道了这件事情。

另一个项目就是我们路甬祥校长的液压项目。路校长1979年被选派到德国留学，攻读博士。他在德国主动选择了一个既是学科前沿，又能付诸工业应用的课题——电液比例控制技术开展研究。1981年，他以"合流量反馈先导比例插装流量阀研究"为题完成了博士论文，被授予工程科学博士学位，而这通常需要4至5年才能拿到。同时，他的研究成果相继在德、美等国专利局登记了专利，一共有5项。

国家计委有意建设工程研究中心，因为我们国家的钢铁熔炼也遇到这些问题，所以国家计委首先就想到在浙大成立浙江大学工业自动化工程中心。这时，其他一些大学也有了重大成果，像四川科技大学的皮革生产，西安大学的金属强度研究。因此国家计委就考虑在一些高校建设工程中心，这样就能让重要科研项目经过开发运用到经济建设当中去。

建设国家工程研究中心是一个全新的挑战。工程研究中心怎么建设？需要各大学管理科研的校长群策群力。于是教育部科技司在莫干山主持召开了会议。浙江大学、清华大学、南京大学、东南大学、华中科技大学等十几个学校的校长参加了会议。当时我是工程研究中心可行性研究组的成员，参加了可行性研讨会。我们提出了工程研究中心的建设方案和建设项目。计委一个个论证并实施。浙大是榜样示范单位，浙大的化工自动化工程研究中心是第一个工程中心，当时是孙优贤教授主持实施的。在这个工程研究中心运作成熟后，我们又建设了电力电子工程研究中心。后来又增加了液压研究中心。

后来国家科委也提出了建设国家工程技术中心。浙大也有两个：能源工程技术研究中心和液压国家工程技术研究中心。从此，浙大的重点实验室、专业实验室、工程中心、工程技术中心形成了一个体系，夯实了浙大的研究基础，并在这基础之上，建立了学科群，多学科交叉发展。这是一个新概念，在这个过程中浙大一直是牵头单位。

"211工程"：浙大教学、科研跃上新平台

加强学科建设，发挥学科优势，是浙大在20世纪90年代的重要建设任务。

20世纪90年代初，我经历的最重要的一个项目便是"211工程"。"211工程"，即面向21世纪、重点建设100所左右的高等学校和一批重点学科的建设工程，1995年11月经国务院批准后正式启动。"211工程"可以说是国家立项在高等教育领域进行的规模最大、层次最高的重点建设工作。1995年11月，经国务院批准，国家计委、国家教委和财政部联合下发了《"211工程"总体建设规划》，"211工程"正式启动。

"211工程"建立了100所国家重点大学。浙大是第一批进入"211工程"的大学。清华大学是第一个，浙大是第二个。

我认为"211工程"最核心的目标是重点学科建设。学科是教育界、科

"211 工程"申报期间，专家领导来浙江大学检查指导

技界沿袭久远的概念了。教育部门在设置专业时，认定学科是按照专业范围划分的，分有一级学科、二级学科和三级学科。学科是知识创造的科学总结，更是创造新知识的摇篮。当代科学技术创新有两种形式，一是突破，二是综合。突破是研究开发新一代科技成果取代原有的科技成果，这种多数是单学科在实验室中进行的。而综合是组合已有科技成果发展出新成果、新技术、新知识，需要多学科的交融联系。所以加强学科建设，创建一流的学科体系是高校的百年大计。浙江大学作为一所有百年办学历史的老校，就是要百尺竿头更进一步。

"211 工程"对浙大的发展来说是个很好的机会，促进了浙大的学科建设和学科汇聚。单学科模式已经无法培养出有国际影响的、解决综合问题的大师，也无法推动新的科技成果的产生。

通过改革开放几十年来走的路子看，我觉得有三条经验是值得学习的。第一，科技真要创新，必须抓项目，必须建立公共的平台，多学科在平台上面比对、融合、竞争，实现优胜劣汰，学科杂交这一条非常要紧，不能够做宝塔形科研研究，这是坚持不下去的。第二，上中下游一条龙，即基础研究、应用研究、开发研究到生产要一条龙，科学研究最终目标是为推动社会发展服务、为国家战略服务。一级学科办教学，二级学科建立研究基地，发挥学科的优势，这样创新才有源头活水。现在，国家号召的"大众创业、万众创新"的核心，我的理解就是要抓创新源头。上中下游一条龙转化为生产力，这点浙大是有优势的。第三，我觉得求是园里还是应该提倡敢于设想、敢于攀登、敢于突破禁区、敢于进行颠覆性研究的创新。

回顾浙江大学在科研方面的发展，城市学院的建立和浙大"211工程"建设之间有着重要的关系。如果说浙大"211工程"建设之后形成的办学理念对城市学院办学有很大影响，那么真正促成城市学院创办的契机则是浙江大学的四校合并。

"四校合并"迎来创办新学校的契机

20世纪末，浙大迎来了历史上一个重要的发展节点，那就是1998年的"四校合并"。20世纪90年代初，我国就高等教育提出了"共建、调整、合作、合并"的方针，对高等教育管理体制和结构布局进行了调整，开始有一些大学合并组建了新的大学。就是在这个大的背景下，经过两年的沟通协调，并经过一段时间的筹备，同根同源的浙江大学、杭州大学、浙江农业大学和浙江医科大学于1998年9月15日重新合并组建了新的浙江大学。由于本来就是同根同源，合并基础好，浙江大学的合并长期以来一直被视为成功范例。研究高等教育现代化的学者也常以新浙江大学的成立为例子，认为合并后的浙江大学规模之庞大、学科之齐全、实力之雄厚，令人刮目相看。

新浙大的组建，是我国大学教育体系改革的又一重大突破，是世纪之交高等教育改革的一件瞩目的大事，也是我国高校实施规模、结构、质量、效益协调发展的重要成果。现在看来，合并带来的效应是很好的。新浙江大学可以说是实现了跨越式的发展，在人才培养、学科建设、科学研究和社会服务方面都有长足发展。新浙江大学的学科布局结构合理，学科综合实力得到增强，从而为学校的建设发展、完成大学为国家和社会承担的任务提供了强有力的保证。

四校合并，要建设什么样的大学？当时的领导层就提出，四校合并，就是为了建设世界一流大学，并明确了浙大要建设成为"综合型、研究型、创新型"大学的目标定位。在20年内，也就是浙江大学建校120年（即2017年）左右能够跻身世界一流大学的行列，并且列出了分步实施的计划，即五年打基础，十年见成效，再奋斗十年达到既定目标，以此凝聚人心，鼓舞斗志。并要求全校上下树立"一流意识、全局观念、奉献精神、踏实作风"的精神风貌，同心同德为实现共同的奋斗目标而努力。

但是四校合并给浙江省的高等教育市场格局带来了很大的变化。原来杭大、农大、医大都是面向全省招生的，浙大是面向全国的。合并之后，由于浙江大学以招全国的学生为主，留给浙江省的名额变少了。像浙大这类部属高校，本科生在本省的招生一般不超过30%，而浙江省的学生原来有很多选择，可以去杭大、农大、医大，这样一来，浙江省的高等教育市场供需关系不平衡了，对本省的考生很不利啊。所以，当时浙大的一些领导就想到，能不能依靠浙大和杭州市人民政府的力量，另办一个面对省内学生的本科院校来解决这个问题。浙大城市学院就在这样的背景之下应运而生了。此时正值浙大领导换届，我刚好退休。潘云鹤校长希望我能协助来茂德副校长去抓一下城市学院的创建，于是我就承担了城市学院的顾问工作。当时，我们先和杭州市人民政府、教育部去讨论这个新学校要怎么办。我很赞成邹晓东书记对创办城市学院这一想法的总结，他说创办城市学院正好具备了天时、地利、人和三方面的有利因素。确实是这样。天时就是前面说到了这样的一个时代大背景，浙大合并，杭州市需要一个面向本省的大学，而且20世纪末正是高等教育大发展时期。从中央到地方政府，对高等教育的发展都有需求，特别是对应用型大学需求很大，因此城市学院的创办首先占了个好时机。其次是地利。也很巧，当时的浙江邮电学校是一个专科学校，正好有一个新校园，已经建好了两幢教学楼。他们愿意把这个新校园拿出来，和我们合建新大学。于是，就有了浙江大学、杭州市人民政府合作办学，并与浙江省邮电管理局共同发起创办的浙江大学城市学院。至于人和，当然是指我们从浙大派去了一大批管理干部和骨干教师。1999年9月13日，浙江大学党委决定，成立中共浙江大学城市学院直属党支部。邹晓东任书记，楼益松任副书记，庄华洁、张新跃、斯荣喜为委员。1999年10月19日，浙江大学城市学院董事会召开第一次会议，任命鲁世杰为浙江大学城市学院院长，邹晓东、庄华洁、张新跃为副院长。这就是浙江大学城市学院最初的领导班子。这是一个坚强实干的领导班子，很有开拓精神、创业精神，正是他们团结一致，带领全体教职员工不懈努力奋斗，开创了这所新学校，为后来的发展腾飞夯实了基础。那时我对这个新大学的总体思路是，这个新的大学一定要延续浙大的求是精神和办学理念，在办学上强调教学型、创新型、应用型，与浙大错位发展。浙大要聚拢一批"浙大系"的精兵强将去创办这个学校，要充分利用浙大的资源，无论是无形的精神，还是有形的师资、实验室等设施。我们对城市学院的定位就是：杭州的学校，浙大的学院。要采取新型的管理机制，采取董事会领导下的院长负责制，党组织关系隶属于浙大党委。对此，杭州市人民政府也赞同这个方案，愿意出让土地、提供资金支持浙大创办新的学校，学校由浙大派出管理干部和师资力量进行办学。只要新学校能为杭州市乃至浙江省的经济发展培养输送有用人才，政府"不求所有，但为我用"。经过二十年的发展，事实证明，浙大城市学院是高校与地方政府合作的典范，也确实为浙江省、杭州市输送了大量人才。到目前为止，浙江大学城市学院仍是其他独立学院学习的榜样。

办学理念阐述

产学研发展的新阶段

（浙江大学发展委员会执行主席胡建雄2001年在天津产学研交流大会上的发言节选）

浙江大学于1998年9月15日，在国务院和教育部的领导下实行了四校合并，即由原来的浙江大学、杭州大学、浙江医科大学、浙江农业大学四校合并为新的浙江大学，使浙江大学成为一所真正意义上的综合性大学。

浙大的产学研经历了三个发展阶段。

第一阶段是从1978年开始的，那个时候邓小平同志在深圳召开会议，提出科技面向经济，经济依靠科技的方针，这个阶段产学研合作的基本特点是：在计划经济的体制下，由政府推动，一项多点，四处开花，形成很多联合体，打的是游击战。

第二阶段，是在经济体制开始向社会主义市场经济转变的时候。邓小平同志提出：科学技术是第一生产力，由此确定了科教兴国的方针，召开了第二次全国科技大会。这个阶段的特点是：经济拉动，以成果转移为主，实行持续开发，形成合作企业，打的是阵地战。

现在进入了新世纪，就进入了第三阶段，知识经济初见端倪，中国经济快速融入世界经济的范畴，高技术产业兴起。这个阶段的特点是：市场带动，以研究、开发、生产一体化为特征，进行系统的研究、系列的开发，发展和形成新技术产业，打的是科技战。

我认为在第三阶段应该把握这样七个要点：第一是捕捉机遇；第二是整合创新；第三是四化理念；第四是认识四大定律；第五是核心竞争力；第六是产学研同盟；第七是校企双赢。

第一个要点是捕捉机遇。发展科技，发展产业，机遇是很要紧的。现在我们面临着四个机遇。第一个机遇就是经济科技全球化的挑战。经济科技全球化就是指各种生产要素和资源在世界范围内的最优先的配置。现在由于计算机和信息的发展，科技和经济的意义已经超过了国家、民族以及文化的范畴。在这个全球化挑战的过程当中，是我们汲取世界营养，汲取世界技术的最好时机。第二个机遇就是进入 WTO。现在 WTO 可以说是经济上的一个联合国，它们的产品处于互相竞争、互相依赖、互相制约的环境当中。中国进入 WTO 后面临着许多挑战。挑战，对于我们科技工作者和产业来讲，就是一个机遇。因为我们国家的产品要进入世界市场，竞争力低、成本高、质量不稳定是摆在面前的现实问题，这对科技工作和产业提出了许多迫切需要解决的问题。第三个就是企业改造和高技术产业化发展的综合性机遇。在我们的企业中，产品附加值低的，生产能力过剩，附加值高的，生产能力不足，所以企业要进行改造，那就有很多改造的任务。第四个就是我们高等学校学科调整和科研工作的拓展的机遇。就如中国科学院实行知识新工程一样，中国科学院原有十万科技人员实行知识创新工程，保留两万精兵强将进行知识创新，编出八万人员进入市场为产业服务。又如科技部、教育部批准大学建立国家大学科技园进行科技开发，也是鼓励大学实行产学研，走向市场，推动经济发展。

第二个要点就是整合创新。现在科技的发展有两种模式，一种模式是线性的，就是单学科的发展；一种是非线性的，就是综合学科的发展。现在我们要明确提出整合创新的发展模式，整合就是创新。一个学科、一个行业能够利用其他学科、其他行业来组成一个我们所需要的产品，这就是整合。现在的环境为整合提供了非常有利的条件，第一个条件就是互联网，互联网给我们提供了大量的信息资源；第二个条件是产学研的基础，多学科的联合开发为技术整合提供了理论技术基础；第三个条件是高技术产品的研发为技术整合提供了广阔的天地，我们广大企业有求智若渴的科技人员，凭借去粗取精、去伪存真、他为我用的创新精神，就能创造出适应市场需要的产品。

任何产品无非由七个要素成：

第一是外形设计要素；

第二是功能设计要素；

第三是产品所用的材料要素；

第四是高技术产品所用的集成电路（即 IC）的控制要素；

第五是配套器件的要素；

第六是市场需要份额的要素；

第七是质量保证体系要素。

任何产品都逃不出七个要素。浙江大学就建立了面向长江三角洲产品的七个设计技术平台。这七个平台建立了大量的数据库，有材料数据库、功能数据库、外形数据库、市场数据库等。这七个平台将信息展示在互联网上，厂家就在互联网上整合设计。现在试验下来，产品生产速度大大提高，产品技术水平也同样大大提高。比如设计吸尘器，可以把全世界的吸尘器的型号找到，把它们的功能、外形、材料全部找到，之后进行优化组合。所以现在看来我们所有的企业、学校和学科，都要牢牢抓住整合创新，实现学科交叉，行业交叉，否则是创造不出新产品的。

第三个要点是四化理念。在全球化的进程当中，我们企业要抓好四化。是哪四化呢？技术全球化、产品多样化、市场全球化、服务个性化。这四化已成为现代企业、现代联合体遵循的共同规律。技术是全球流动的，产品是多样的，市场是全球的，服务是个性的。以集成电路工厂为例，过去它的产业和公司都建立了自己的标准，有自己的品牌，互相之间不能兼容。但是现在集成电路都是符合国际标准的，它的兼容性很强，这是全球化技术的结果。产品是多样的，比如说，我们可以通过计算机上网，也可以通过机顶盒上网，也可以用手机上网，上网的方式多种多样，上网的产品和方法每一个地区都是不一样的。

要搞好产学研结合，企业需要抓好技术全球化、产品多样化、市场全球化、服务个性化的特征才行。

我要再讲一个观点：现在经常讲要搞大公司，这是要搞的，这是我们国家的支柱产业，要有巨无霸公司。但是服务四化里面，小精深的小企业在 21 世纪可能会大量的兴起。因此说，市场需要巨无霸公司，更要有小精深的企业，适应这个市场需求的变化。

第四个要点是要认识经济发展的四大定律，这些定律是经验定律，是对信息产业而言的，但是我觉得对我们其他产业有参考价值。

第一个定律是摩尔定律，指微处理器的速度每 18 个月翻一番，就是CPU 的速度 18 个月快一倍，到现在为止这个定律还没有被打破。

第二个定律叫贝尔定律，指在保持计算机速度不变的情况下，微处理器的体积和价格每 18 个月减少一半，这个定律到现在为止也没有失效，每18 个月降一次价，每 18 个月体积减小一半。

第三个定律是吉尔顿定律，它预言在未来的 25 年里面，主干网的带宽每 6 个月增加一倍。

第四个定律是摩德卡尔夫定律，它指出网络的价值与网络用户的平方成正比。

杨振宁也曾讲这四个定律到现在为止还没有被打破，它反映了一个什么问题呢？就是反映了整个以信息产业为龙头的企业的迅速变化。如果还像以前一样，一个企业靠一个产品吃一辈子的话，那么就会活不下去。计算机这样变，那么信息产业带动的其他产业也会跟着变。对这样的一个变化速度，大家应有一个充分的准备。所以，引用本杰明·富兰克林的话："科学发展如此之快，我真后悔早生了 100 年，以至于不能目睹百年后科学发展的情况。"

搞网络、搞信息的人员要掌握这四个定律，搞其他经济的人也离不开信息，离不开信息化，所以也必须掌握，要跟上信息发展的速度。

第五个要点是核心竞争力，这是我们搞产学研的核心。我们都讲全面竞争，这个表述并不全面，现在企业要能够真正在竞争中取胜，就是要保持自己的核心竞争力。因为高科技产业的特点是创新性、自主性、战略性、风险性、竞争性。在高科技产品的研究发展、研究开发、生产销售、服务的竞争环节当中，研究发展是最关键的环节，构成了企业的核心竞争力。产学研要在核心竞争力的基础上有所突破，这是产学研的中心任务。根据经济部门的统计，如果一个产业不在技术上更新，不在核心竞争力上下功夫，而是在产品外延上下功夫，结果就是，一年当中，它所能带来的经济增长只能是百分之零点五；如果企业能够把核心竞争力提高了，那么，这个产品才能有进一步的发展。核心竞争力观点的最早提出者是美国。在克林顿卸任的前一年，美国就专门组织了以副总统戈尔为首的核心竞争力领导班子，研究美国的产品怎么在参与世界竞争时保持它的核心地位，美国需要掌握哪些核心竞争力，哪些可以从其他国家拿来，哪些是要自己研发的，核心竞争力的概念，已经为我国很多专家、教授、企业家所接受，现在都在研究把有限的资金提供到提高核心竞争力的研发上，其他配套的业务则主要通过整合创新来取得。

第六个要点是产学研要结成同盟。过去搞科技开发，大多是游击战，打一枪换一个地方。在新时期，必须要结成同盟。现在，我们的行政管理和经济发展、科技投入脱节；科技创新系统和经济增长系统脱节；科技政策和产业政策脱节。到现在为止还没有形成竞争性的科技体制，这样就削弱了产学研的互补作用。当然，要解决这个问题就要靠科技创新和深化改革。我认为要搞好产学研结成同盟必须实现三个一条龙：应用基础的研究，应用技术的研究要形成一条龙；产品的开发研制和商品的开发、市场的形成要形成一条龙；人员的培训、知识的更新、产业的发展要形成一条龙。要使三条龙连着转，产学研必须结成同盟。

第七个要点就是校企双赢。校企双赢表现在哪些方面呢？一个环节就是双方受利，这是巩固产学研的手段。双方受益是产学研长期合作的主要手段，但是这个产学研结合起来必须有相关的保护政策。第一要保护企业专利，第二要保护教师的知识产权。只有采取双保护政策才能巩固产学研的同盟。第三要保护学校教师的个人权益、经济权益，这样才是一个合作的纽带。

在新形势下，科技发展在民用工业上存在十大趋势：

（1）科技创新已成为世界潮流；

（2）知识发展已成为科技创新的关键要素；

（3）前沿技术已成为创新技术的主要焦点；

（4）科技整合已成为科技创新的常用形式；

（5）研究—开发—生产已成为完整的创新链的必要环节；

（6）技术创新已成为重大创新的必要前提；

（7）可持续发展已成为创新的基本使命；

（8）公司（企业）的并购已成为重组创新能力的有效途径；

（9）风险基金已成为知识创新的金融支柱；

（10）产学研结合是国家技术创新的主干力量。

科技创新、知识创新、技术创新，各有分工，但是互相联系。我们企业以技术创新为主，科学院、高等院校以知识创新为主，政府部门则要靠体制创新。知识创新也好，体制创新也好，技术创新也好，总之要打破现在的思想壁垒，才能够实现整合创新。

小链接

要使应用科学同基础科学比翼高飞

浙江大学科研处

党的十一届三中全会提出，把全党工作的着重点转移到社会主义现代化建设上来，这是全国人民的愿望。

实现四个现代化，关键在于科学技术现代化。而基础科学又是整个科学技术的基础和前沿。为了使科学技术取得根本性的进步和革新，必须加强基础科学的研究工作，以取得基础理论上的重大突破。可是，为了发展现代化的工业，单有基础科学是不够的。例如制造电子计算机，必须有品质极高的集成电路，而制造集成电路已不是基础科学本身的范围，即使对集成电路有了理论的了解，也未必能制成适用的产品，在这中间，发展应用科学就具有关键性的意义，它是建设现代化工业的基础。

我校是一所多科性的理工科大学，学科比较齐全，便于联合作战。根据这一特点，我们的科研工作在重视基础理论研究的同时，着重加强应用科学课题的研究，取得了一些成果。现在就这个问题，谈几点体会。

打破专业框框，积极进行学科"杂交"，推动应用科学的发展

应用科学和生产紧密相连，又要有基础科学作为后盾，因此它是桥梁，起着承前启后的作用。应用科学技术的发展是综合性的，由各方面的学科和技术结合起来，从而解决工业建设中的重大问题。单门独户的科学研究是和综合技术的发展不相适应的。因此，我们必须冲破专业框框的束缚，大胆地进行多学科之间的"杂交"，各兵种联合作战，取得应用技术的综合成果。如我校的机械设计制造及自动化专业（简称机制专业），是历史比较悠久、人才比较集中的一个专业，过去长期把科学研究方向局限于机床的设计与制造的范围内，科学研究进行了多年，课题一换再换，发展却很缓慢。在粉碎"四人帮"以后，机制专业的广大教师排除了资产阶级帮派体系的干扰和破坏，冲破了狭隘的专业框框，把光、机、电的技术结合起来，和光仪系、计算机系、电机系等有关专业通力协作，一起总结了以往研制激光测振装置的经验，正在研制低频激光测振装置，为填补国家测振仪器领域的空白，发展我国大型精密仪器作出贡献。不仅如此，他们又和应用数学专业进行理、工学科的"杂交"，进行计算几何新学科、新技术的研究，综合应用电子计算机、软件技术、机械加工新技术，研究平面曲线、空间曲面的设计和加工。现已组织了计算几何联合研究组，初步建成了计算几何实验室，正在进行机械工业中急需的平面、凸轮的设计、加工，汽轮机叶片的设计、加工等研究工作。另外，他们现在又承担了中央有关部门的空间曲面的设计加工任务。这一系列学科杂交的研究工作，使机制专业摆脱了旧专业的束缚，开辟了一个新的天地。

有的同志高兴地说:"学科杂交使机制专业打了一个翻身仗,获得了新生。"又如,我校以化学工程为主体,与流体力学、应用数学等学科"杂交",进行化学反应工程、数学模拟放大的研究,力争缩短化工过程小试—中试—生产的漫长周期,用取得的成果向国庆三十周年献礼。

为了搞好学科"杂交",进行多学科大兵团作战,从目前教学和科研的实际情况看,不宜抽调专门人员脱离原教研组或实验室,另起炉灶关起门来搞。如果这样,势必要与教学争人员、争设备,得不到原教研组的支持。现在,我们是成立跨系、跨学科的联合领导小组,统一研究计划,统一总体方案,统一进度,把任务分配到各个承担单位。这样既分工包干又互相衔接,责任分明。把研究任务带到各教研组,可以利用原有的实验设备,又可发挥各教研组教师的集体智慧和力量,群策群力,完成科研任务。在科研经费的分配上,统一核定,各得其所,使各有关教研组通过科研,实验设备得到建立,研究手段能够更新,能够充分调动大家的积极性。现在科研处已和各重点项目试行承接合同,我们准备以后在各联合作战的单位之间,订立合同,既集中领导,又明确职责,把软任务变成硬任务,从而使科学研究工作逐步做到严密组织、严格要求,以严肃的态度完成各自的任务。

立足赶超,大胆应用新技术,开拓应用技术的新领域

当前,世界上应用科学技术的发展日新月异,新技术不断涌现,我们应将科研工作的起点放在20世纪70年代最新的水平上。首先要看到我们知识领域的狭小,水平较低,只有扩大眼界,冲破狭隘的小天地,才有勇气和决心去接受新任务,研究新事物。为了适应本省科学技术发展的需要,我们组织了一定的力量进行太阳能的研究。这对我校来讲是没有接触过的新领域。但是,我校有相应的研究基础。因此,我们就决定组织工业电子装置专业的同志,利用以往搞可控硅元件的技术,扩大范围,研究硅带等新器件,着手准备发展大功率太阳能电池的研究;组织硅酸盐专业利用过去研究各种玻璃的技术,研究适用于太阳能需要的玻璃;内燃机专业则是大胆应用化学方法,研究太阳能制氢和氢发动机;铸造专业利用各种冶金新技术，研究储氢金属材料。这项研究项目国外已经开展，技术新颖，成果不少，值得我们学习和借鉴。为了引进新技术，开拓新的技术领域，我们除了广泛查阅文献，已相继派人出国考察。我们一定要以最新水平为研究起点，组织力量，配套成龙，期望经过相当时间的努力，在太阳能的应用方面，夺取实用性的成果。

在组织新研究领域的过程中，大致有两种方法，一种是"砍树栽苗"，就是把老的科研项目砍掉，撤组，另外重新再组一套人员，重建一个摊子；另一种是"保树育苗"，就是保留原有的技术基础，发挥原有的技术专长，把力量组织起来，在完成原有任务的基础上，逐步向新领域过渡，掌握新技术，开拓新领域。切忌把现有的项目轻易下马，对新技术不能一哄而起，一哄而散。我们采取的是后一种办法。这就需要我们作深入的调查研究，要有中肯的分析，在这个基础上，把原有的技术基础潜力充分地发挥出来。要开拓新的领域，就必须有一支开拓新领域的队伍。原有的教师是研究的骨干，同时要注意吸收校外各方面技术专家来校讲学。对现有人员要进行培养，尤其要把研究生的培养和科学研究紧密结合起来，把研究生的力量组织到开拓新领域的战斗里去，使他们能对科学研究作出更多的贡献。

为了发展应用科学技术，我们要求新技术的研究成果及时进行理论上的总结和提高，使应用技术不断向高水平发展。我们要求每一个科研项目不仅要拿出成果，还要拿出总结论文，进行学术交流，并在学报上发表（《浙江大学学报》以发表反映科研成果的论文为主）。通过学术、学报的交流，积极开展校内外、国内外的技术交流，开阔眼界，掌握科学技术发展的动向，充实和调整我校科学技术研究的内容。

克服分散主义，形成应用科学的研究"拳头"，发挥特长

在组织应用科学研究赶超世界水平时，对一个单位来说，在一个阶段内，总是有先赶，有后赶，有所赶和有所不赶。由于我校科技力量有限，不可能四面出击，样样都上，必须集中力量把劲使在刀刃上，把科技力量使在我们有基础而国家又急需的项目上面。必须克服科学研究工作中的分散主义和无政府主义。对此，经省科委的同意，中国科学院已正式批准我校成立光学仪器、电工技术、化学工程、材料科学四个研究所，批准建立数学、物理、化学、核爆炸模拟、精密机械、建筑结构与设计六个研究室。四所六室统称为"浙江大学科学技术研究所"。这些研究所、室的建立，就为我们形成"拳头"发挥特长创造了条件。为了充分发挥没有建立研究所、室的系和专业的积极性，各教研组按照高教六十条规定，安排20%～30%的教师参加科学研究工作。一方面，这些系建立专门课题的科学研究小组，另一方面，我们大力提倡没有研究所、室单位的教师和科研人员到现有相应的研究所、室，定期或不定期参加跨学科的研究。在研究所、室内部，专职研究和兼职研究统一安排，适当调换，使广大教师都能有从事科学研究的机会。

我们在组织"拳头"的时候，首先是摸清主攻方向和国内外水平，选择好突破口，同时组织一支短小精悍、能打硬仗的攻艰队伍。不求人多，而求人精，经过一段时间的艰苦奋战，开创局面之后，再逐渐扩大范围，形成配套成龙的研究体系。在经费使用方面，应用技术是比较耗钱的研究，我们比较倾向集中解决几个问题的方法，不能平均使用力量。该建的重点实验装置，集中力量，集中投资，尽快建成。如在建设计算几何实验室时，我们花了相应的投资，经过两个多月的艰苦奋战，就初步具备了研究能力，见到了投资效果。为了解决经费不足的困难，我们在承担任务时，与有关单位订立合同，按1972年国家计委的一个文件办理经费事宜，搞好经费结算与回收，扩大研究能力。如可控硅中频电源就靠回收资金，正在建造中频实验室。在科学研究中，对于如何解决积累资金和核算资金问题，我们准备进一步摸索、总结，为重点项目开辟财源，为科研工作的大干快上创造一些条件。

我校是一个以工为主，理工结合的多科性科学技术大学，在应用技术的研究方面要承担光荣而艰巨的任务。我们在积极开展应用科学研究的同时，也要搞好基础理论的研究，为应用技术作好理论储备。基础理论的研究人员与应用科学的科技人员要经常接触，以达到相互了解、相互辅助的效果。我国的科技发展前途无限光明，我们决心在中国科学院和浙江省委的正确领导下，在各兄弟单位的大力支持下，在实现新时期总任务的新长征中贡献我们的力量。

（摘自《人民教育》，1979年第2期）

第二章　浙江大学城市学院，一所新学校的诞生

浙江大学城市学院，既是浙大的学院，又是杭州的大学，还是拱墅区现代文明的地域标志。浙大玉泉是西湖的明珠，城市学院则是大运河的灯塔。它们辐射先进的文化，传递科技的创新，向杭州、浙江输送最优秀的人才。

——胡建雄

胡建雄口述

浙江大学城市学院的创办，是在中国高等教育大发展这个背景下应运而生的。前文也说到了它的诞生真是天时、地利、人和三个要素都齐备了。城市学院的创建可以说是 21 世纪之初高等教育发展中的一个创新之举。回忆起这个学校的初创时期，大家全力以赴，三个月办起一所新学校的壮举，还真有很多令人难忘、令人兴奋的事情，至今历历在目。

三家发起，两家联办的浙江大学城市学院

1998 年，在经历过四校合并的大工程之后，由于新浙江大学招生面向全国，在本省只招 30% 左右生源，浙江省本地考生即将面临高等教育资源不足的困境。1999 年，正逢世纪之交高校大发展，中国的高等教育面临从精英教育向大众化教育的转型。而新浙江大学的定位是争创世界一流的"综合型、研究型、创新型"大学，浙江需要这么一所为区域经济和社会发展服务的大学来填补原来杭大、农大和医大留下的空白。在这种情况下，浙江大学领导班子就开始讨论要建立一所新学校。四校合并之后浙大的师资力量富裕，教学水平和学术水平也高，实验室的装备也完备，在这样充足的条件之下，我们完全可以尝试与杭州市人民政府联合创办一所新的大学。领导班子有了这个想法后，便去与杭州市人民政府和教育部讨论创办新学校的可能性。时任杭州市市长的仇保兴也很赞同新办一所面向浙江省招生

的大学的想法，大家很快达成一致意见。1999年7月9日，杭州市人民政府和浙江大学正式签订合作办学协议，筹建浙江大学城市学院。当时对学院的定位为浙江大学下属的二级学院，培养本科生，浙江大学全面负责学院的党政管理，选派学院的管理干部和教师负责教学管理工作，保证教育质量。杭州市负责在市区落实办学必需的场地和用房，筹集办学资金和提供后勤保障，并考虑学院长远发展所需的预留资源。

有了杭州市人民政府的鼎力支持，浙江大学城市学院可以说是呼之欲出了。但是那个时候我们既缺地皮，又缺经费，需要杭州市人民政府出地出钱，再由浙江大学来承办，建一所面向浙江省的学院。建学校需要足够的资金，可当时杭州市人民政府的钱袋也是空的，我们有再好的想法和计划也没法落地。这时，得知情况的浙江邮电学校（浙江省邮电管理局下属单位）提出可以协助我们办学，邮电学校在拱墅区的舟山东路正好有一所新校园还没投入使用，便打算以资产折算股份的形式参与到城市学院的创办工作中来。新校园中行政、办公、教学用的大楼各一座，学校负责人了解到情况之后倒也直接，就跟我们提议，大家一起来办这个新大学。这件事当时是仇市长联系的，省教育厅也同意了这个方案，最后商量的结果就成了杭州市人民政府出钱、浙江大学出人、浙江省邮电管理局（现为浙江省电信实业集团有限公司）出教学楼，三家发起，杭州市人民政府和浙江大学共同创办浙江大学城市学院的决策。这就是我们后来讲到城市学院的创办过程时，把它总结为"三家发起，两家联办"，浙江大学城市学院是"杭州的学校，浙大的学院"。

浙江省邮电管理局的参与说来真是太巧，当时它们那所邮电学校的学生都还在勾庄的老校区，没来得及搬迁过来，拱墅这边的楼正好都空着。没想到，地皮、房子的事没费多少时间便迎刃而解。可我们又将要面临新的问题——杭州市人民政府没那么多钱投资。

于是仇保兴市长就开始想办法，想请杭州知名的民营企业家像鲁冠球、宗庆后等来投资，和我们一起办学校。但我并不赞同这种做法，教育是一个长期的事业，不是有钱就能办，要有持续不断的资金支持。我提出企业家和教育家办学是两回事，我们的理念可能会不一致，企业家办教育可能会更注重经济效益，看重盈利和回报，容易和我们的想法产生分歧。那时我们之间有点争论，我还是坚持要教育家办学校，而不是企业家办学校，不能把教育事业当作商业行为来做。最后仇保兴市长认同了我的观点。好在后来我们还是筹到了款项，能够继续实行城市学院的建设工作。

1999 年 7 月 10 日，浙江大学向教育部提交《关于与杭州市人民政府合作创办浙江大学城市学院及申请 1999 年本科招生计划的请示》。4 天后，杭州市人民政府、浙江大学联合向浙江省人民政府提交《关于杭州市人民政府与浙江大学合作举办浙江大学城市学院的请示》。教育部和浙江省人民政府分别于 7 月 20 日、8 月 4 日做出批复，同意试办浙江大学城市学院。浙江省人民政府的批复确定浙江大学城市学院按民办机制办学，具有独立法人资格，实行独立办学，财务独立核算。

7 月 20 号那天，杭州市人民政府、浙江大学、浙江省邮电管理局联合在杭州举行浙江大学城市学院成立新闻发布会，时任浙江大学党委书记张浚生、杭州市市长仇保兴、浙江省教育厅厅长侯靖方到会讲话。省内几大有名的媒体如《浙江日报》《杭州日报》等都对发布会进行了报道。有了这些主流媒体的宣传，城市学院即将诞生的消息不胫而走，很快整个浙江省的人民都知道运河旁要有一所新的大学了。

教育部和浙江省人民政府关于同意试办浙江大学城市学院的批复

在一张白纸上画出浙江大学城市学院

有了教育部和浙江省人民政府的批复，浙江大学城市学院算是拿到了一纸"出生证"。这时已经是 7 月底了。秋季就要招生、开学，建立浙江大学城市学院的时间是非常紧张的。结果，从 1999 年 7 月杭州市人民政府和浙江大学正式签订合作办学协议，筹建浙江大学城市学院，到 1999 年 10 月举行开学典礼，总共三个月，浙江大学城市学院如期开学。这个速度，现在想想真是个奇迹。

这么短的时间里，要办起一所大学，光靠浙江大学的力量肯定不够。当时的市长仇保兴给予了很大支持，浙江大学的来茂德副校长负责主持筹备工作。

1999 年 7 月 23 日，浙江大学党委召开了党委常委会，在会上决定建立浙江大学城市学院筹备组，并推举了合适人选。浙江大学副校长来茂德被推选为筹备组组长，校办主任王立人（也是后来的第二任城市学院院长）担任副组长。

说起来，在筹划办学期间，还有一个挺有意思的小插曲。

那时一句"我们要办城市学院"的号令，大家连夜就把浙江大学城市学院的路标插到舟山东路的一条小路上，随着路标啪啪啪地打进地里，我们宣告了一所新大学即将拔地而起。周边居民第二天一早就看到了新路标，都觉得很新鲜，奔走相告，说"浙江大学要在这里办学校了"。对周边居民来说，这绝对是一件大好事。

虽然城市学院创建之初直接使用了浙江省邮电管理局下属浙江邮电学校的新校园，有 117 亩地，校舍初见雏形，为城市学院快速进入办学提供了良好基础。但许多楼宇都未完工，道路还未平整，整个校园还是个大工地，需要迅速推进后续工程建设，为秋季首届学生顺利入学做好准备。

新闻发布会召开后没几天，7 月 22 日，浙大张浚生书记就到浙江大学城市学院来视察学院建设工程，浙江大学副校长来茂德与几名校领导陪同。

1999 年 7 月 22 日，浙江大学党委书记张浚生视察学院建设工程，检查指导学院筹建工作

1999 年 7 月 28 日，浙江大学校长潘云鹤视察学院建设工程，现场听取校园建设工程进展情况汇报

　　潘云鹤校长想着总归要来实地看看才放心，于是在筹备组成立后没几天的7月28日到浙江大学城市学院视察。当时已有一些基建工人进场开工了，潘校长就站在建筑区的安全空地上听城市学院的新领导班子汇报建设的进展情况。事后潘校长特别告诉我说，"目前来看，一切都已按部就班地进行了，没遇着什么大麻烦"。我回复他说，"一切顺利就好"。后来，张书记和潘校长又于7月底来城市学院走了一遭。浙江省各级领导也都高度重视城市学院的建设，8月31日，中共浙江省委副书记、省长柴松岳和副省长鲁松庭两位领导亲临城市学院建设工地视察并指导工作，他们参观考察了城市学院的教学大楼和学生公寓，浙江大学副校长来茂德汇报了城市学院筹建工作。两位领导对于城市学院的建设进度颇为满意。

1999年8月31日，中共浙江省委副书记、省长柴松岳，副省长鲁松庭在杭州市和浙江大学领导的陪同下来到学院建设工地视察指导工作

　　学校的后续基建工程如期开展。接下来，就紧锣密鼓地开始了管理干部、师资团队的组建和招生工作。浙江大学鼓励、支持优秀管理干部和学术骨

干到城市学院任职或兼职，支持城市学院高质量高起点办学。浙江大学城市学院首批正式到岗的全职教职工共计32人，全部都是从浙江大学调进来的。这是一批有志气、有干劲、有能力的老师，他们为城市学院的创建付出了很大心血。

邹晓东书记后来也向我描述过那段艰苦奋斗的日子。第一天到城市学院上任办公的时候，无论是领导班子使用的办公室还是教室、学生宿舍，看过去都是空荡荡的，显得有些简陋、冷清。后勤部门购置桌椅需要时间，大家急于投入工作，都选择站着办公，争分夺秒地工作。那时候城市学院连临时食堂都没有，所有的工作人员只能先到外头打包午饭回来，站着吃完后继续忙活手头的工作。那时候加班加点更是家常便饭，因为是夏天，有些老师甚至晚上就睡在办公室。

根据社会需要和城市学院的实际情况，学院先开设了计算机科学与技术、信息工程、土木工程、法学、新闻学、英语、工商管理、旅游管理和药学这9个专业，设信息工程学系、外国语言学系、新闻学系、土木工程学系、法学系、管理学系、药学系、计算机科学与工程学系8个系。所有系设置了兼职系主任和执行副系主任。兼职系主任都由浙江大学著名教授兼任，他们在自己专业领域都是顶尖人物，在国内乃至国际上都有一定声望。他们的加盟提升了城市学院的办学层次，也是城市学院办学质量的一个保证。执行副系主任都由浙江大学有着丰富管理和教学经验的老教授担任，他们在城市学院担起了整个专业建设的责任，从专业课程的设置到专业教师的聘请等都由执行副系主任来负责。

接着就是重要的招生工作了。当时计划招生540名，最后招到了432人。第一年的招生不好招啊！毕竟得到教育部的批复已经是7月了，而当年的招生计划早就发出去了，所以招生计划里并没有浙大城市学院的代码。学生不可能主动来报，因为根本不知道这所学校，所以我们就得主动出击。当时真的全靠全体工作人员的努力，据说首届400多名学生，是大家一个一个打电话招来的，包括领导在内都在打电话。招哪些学生呢？就是在等重点本科批次和普通本科批次录取完了，还有一些上了本科线却没有被录取的学生。我们就主动打电话去问这些学生，愿不愿意来浙大城市学院。第一年计划没招满，但我们坚决不降分，还是要保证学生质量的。好在第二年招生就打了个翻身战。那年的招生计划是1200名，最后因报名火爆，又扩招了304名。由于是新办高校，不为社会熟知，且城市学院是按照民营机制运行，当时每生每年1.5万元的学费是比较高的，所以学院将招生视作头等大事。第二年为了招生，院长、书记亲自动员，班子成员和全体老师全都下到各地市的重点中学去进行招生宣传，去各地招生咨询会上发放招生简章，推广城市学院，还借助浙江大学母体的招生渠道帮助宣传。这种全员动员参与招生的模式一直沿用至今，特别是在初创前几年，那真叫一个拼啊，因为生源就是城市学院的生命线。

发出录取通知书后，就要准备开学典礼。那时候因为开学前通进学校的道路还没有修好，一半是浇了水泥的路，一半堆着建筑垃圾，来往不是很方便，邹晓东书记还去请部队的战士同志们帮忙运送垃圾。后来还请这群战士帮着打扫城市学院的校园和寝室。还听说当时开学典礼在即，一下子音响没准备好，一下子电又断了……各种小意外不断。好在最后在大家的共同努力下，这些问题都解决了，学院开学典礼举办得既简朴又隆重，宣告着一所新的学校正式诞生。

现在大学开学的日子一般是在金秋九月，浙江大学城市学院首届新生报到却定在10月。1999年10月3日，来自全省各地的新生陆续到校入学。我是10月4号举行开学典礼那天去城市学院的。鲁世杰院长和邹晓东书记陪我一起先去报到现场看了一下。看着那些青春洋溢的学生们和满脸兴奋的家长们，我心里同样激动不已。

开学典礼是在浙江大学城市学院老体育馆二楼篮球场举行的。省市政府领导、浙大领导、社会各界代表等应邀出席。市委副书记吴键和浙江大学校长潘云鹤在典礼上致辞，城市学院首任院长鲁世杰和直属党支部书记、常务副院长邹晓东也在典礼上讲话。

1999 年 10 月 4 日，浙江大学原常务副校长、浙江大学城市学院顾问胡建雄，来到新生报到现场看望师生，并与学院领导班子全体成员合影

1999 级首届新生开学典礼现场

等到第二年，城市学院的名声在省内打响了，学生数量不断增加，进来任职的老师们也慢慢变多，原本的校区就有点不大够用，鲁校长、邹书记他们就开始合计是不是要进行扩建。

对于这个问题，大家商量了很久，也考虑了不少地方。经过多次商议和讨论，学校领导班子还是决定就在原地进行扩建。2000年8月，杭州市市长仇保兴带队到城市学院调研，在调研会上，仇市长当即拍板，城市学院就在原址进行扩建，这才有了现在分为南北两个校区的城市学院。

2000年8月19日，杭州市人民政府主持召开浙江大学城市学院发展建设现场会

扩建的区域划定，扩建方案也有了，可真的实施起来时，又陷入困境。就像建校初期时那样，学院领导班子又开始为扩建的经费发愁。

后来，学院领导班子经过数次讨论，将与城市学院相关的一系列费用收支列成清单，仔细考虑每一处的必要开支，尽量节约资金，过着精打细算的日子。除了在学校建设方面节流外，学院领导也开始想法子去开源，寻找外来资源，支持城市学院完成扩建工作。总之，在整个领导班子的努力下，我们用了 5 年时间，在 2004 年实现了"千亩校园，万人大学"的规模发展目标。

浙江大学城市学院的三根顶梁柱

第一批新生进来以后，就要开始上课了。但是，这所学校具体该怎么运作呢？不同于其他一家独办的学校，城市学院的发起单位中既有杭州市人民政府，又有浙江大学，还有浙江省邮电管理局。筹建初期，大家群策群力，一起埋头大干，先把学校搞起来了。可等学院逐渐走上正轨后，新的问题就慢慢浮出水面了。城市学院的管理体制、组织机构到底该如何构建？杭州市人民政府方面在这件事情上看得很清楚，他们不求所有，但求浙江大学城市学院能为他们所用；浙江省邮电管理局则是希望企业能够为浙江教育事业继续做贡献；浙江大学的想法呢，就是要发挥高水平大学的优势，有人才，有知识，办出一所高质量的应用型大学。怎样把这三股力量拧在一起，朝着共同目标努力呢？成立董事会的构想就在这样的情况下形成了。1999 年 8 月 18 日，杭州市人民政府、浙江大学、浙江省邮电管理局签订发起创办浙江大学城市学院并成立董事会的协议书。

1999 年 10 月 9 日那天，城市学院董事会第一次会议在杭州茶叶博物馆举行。会议上提出，学院具有独立法人资格，学校的办学体制为在浙江大学党委领导下、实行董事会领导下的院长负责制。学院董事会董事长由浙江大学校长担任，法定代表人由杭州市分管教育副市长担任（编者按：2015 年起改由学院院长担任）。这个办学体制因为是首创，教育部过去对此有所误解，分不清浙江大学城市学院的归属，不知道它属于杭州市还是浙江大学。其实这就是一所三家发起、两家共有的高等院校。浙江大学城市学院依托浙江大学办学，既是浙江大学办学体系的有机组成部分，又是杭州市属的独立办学高校。学院按民营机制运作。这种依托公办母体学校，按民营机制独立办学的模式是我国高等教育之首创。后来，教育部在调研城市学院后，把浙江大学城市学院称作"全国独立学院办学的典范"。

　　10月9日的城市学院董事会第一次会议上，还提出全日制本科生3000人的规模规划。之后，城市学院董事会第二次、第三次会议又确定了浙江大学城市学院校园的扩建事宜以及"千亩校园、万人大学"的发展目标。

　　2000年6月29日，城市学院董事会第二次会议决定扩大办学规模。在目标提案通过后，城市学院这边即刻启动制定扩大规模建设实施方案。仇保兴市长担任城市学院工程建设领导小组组长，并和潘云鹤校长一起多次主持召开专题会议，研究校园建设方案。在第二年学院招生受到考生热捧，取得圆满成功的形势下，2000年8月，仇保兴市长亲自到城市学院召开现场会，拍板确定了原址建设"千亩校园、万人大学"的新目标。到2004年，城市学院就基本实现了这一目标，此时建校才五年时间，我觉得这是非常了不起的。

2001年4月1日，浙江大学城市学院董事会第三次会议在学院举行，时任董事长潘云鹤主持了会议。会议审议了《关于进一步完善浙江大学城市学院股份制体制，加强融资，加快学院发展》的报告

　　董事会主要是负责学院的战略规划和重大决策。而一所大学还有许多具体问题亟待解决。城市学院初创这几年，招生情况一年好于一年，教学质量也得以稳步提升，很快就面临高年级学生的实习、就业问题，这自然而然地就成了学院办学需要面对的重要问题。学生们可以到哪些地方去实习，锻炼实践能力？毕业之后他们能去哪里，能找什么样的工作？就业率和就业质量是衡量一所高校人才培养水平的重要指标，也是学生和家长们都非常关注的指标。依照我的想法，城市学院就是要坚持培养高素质应用型创新人才的目标。所以教学过程中要重视社会实践，要将理论教学和生产实践紧密结合，城市学院的学生们都应该联系生产，联系实践，在实践的过程中寻找到适合他们发展的职业方向。

　　这个时候，杭州市人民政府鼓励和支持城市学院在城市建设与社会发展中发挥作用，积极推动各职能部门与城市学院合作。于是，2000年，杭州市专门组建了由市政府下属27个委、局负责人组成的浙江大学城市学院产学研合作委员会，并由分管副市长即城市学院法人担任主任。产学研合作委员会给城市学院培养应用型人才创造了良好的环境条件，各委、局根据各自管辖范围和资源优势，在政府、社会、企业与学校之间密切沟通联系，为城市学院学生提供教学实习和实践基地，为老师提供应用研究课题，为毕业生架设就业桥梁、通道等。如杭州西博会大型展会活动优先聘用城市学院学生参加工作，城市学院学生到西博会挂钩实习的模式成为成功范例；杭州市人事局牵头联合市属机构举办了"城市学院1999级学生就业招聘会"和"城市学院2000级学生实习洽谈会"，召集省内外和杭州市用人单位在校园开展现场定向招聘活动，向毕业生提供"适销对路"的岗位等。又比如，2005年，杭州市工商局与城市学院联合召开校企挂钩实习座谈会，邀请杭州传化集团、富通集团、坤和建设集团等10家著名民企的代表与城市学院相关院系负责人面对面，座谈交流实习生的使用、培养和供需问题。会上，企业代表当场"预订"了200余名城市学院实习生。

2000 年，浙江大学城市学院产学研合作委员会领导成员工作会议召开

　　这个产学研合作委员会的机构后来进一步扩大，在支持城市学院办学中发挥了重要作用。2006 年 12 月，杭州市市长孙忠焕还亲自主持召开了城市学院产学研合作委员会会议。

　　城市学院也非常重视政产学研工作，在建院之初就提出"立足杭州，服务浙江"的办学宗旨，努力为地方经济建设和社会进步服务。其中，学院最大的贡献就是为城市的发展培养输送大量人才。据了解，城市学院前几届的毕业生中，百分之六七十都留在了杭州市工作。就是到了现在，城市学院毕业生留在杭州的人数仍是省内各地市毕业生人数中占比最高的，并远远高于相应年份杭州籍考生入学的比例，说明大量人才净流入了杭州，为杭州的经济社会发展作出了贡献。

　　学生们的读书问题解决了，产学研合作委员会的问题解决了，浙大城市学院的发展建设也呈现快速上升的势头。可是，要把城市学院办成特色鲜明、稳居同类学院前列的教学型大学，还需要有关专家来给城市学院把把脉，

2006 年 12 月 21 日，杭州市市长孙忠焕主持召开浙江大学城市学院产学研合作委员会会议

在办学思路、学科建设、专业设置、教学改革等方面给我们提供决策咨询。我一开始想到借助浙大的学术委员会的力量，但后来还是觉得城院需要自己的决策咨询机构，以便有针对性地提出建议。于是，一个由国内外专家组成的城市学院专家咨询委员会在 2006 年 4 月 28 日正式成立。他们叫我来当专家咨询委员会的主任，由鲁世杰、邹晓东和庄华洁三位城市学院创建时期的领导任副主任，徐慧萍和黄秀华为正副秘书长。聘请了香港中文大学程伯中教授，中科院院士、南京大学陈懿教授，清华大学何晋秋教授为专家咨询委员会委员。

这个委员会的定位就是学院领导的高级参谋机构，其主要职能为对学院发展规划、学科专业建设方案、重大建设项目的决策提供咨询服务，对各相关分院的学科专业水平、师资水平、教学质量、课程设置等进行评估，为学院拓展海外联络，争取支持，推进与国际的接轨。

2006 年 4 月 28 日，浙江大学城市学院专家咨询委员会成立

2006 年 4 月 29 日，专家咨询委员会召开第一次会议。我们一众人聚集到杭州西子宾馆召开座谈会。会上诸位专家根据前一天在城市学院听到的工作汇报、相关学科的座谈交流，提出了许多建设性的意见。

2006 年 5 月，我们又聘请了香港、澳门地区和新加坡部分高校的 9 位学者为浙江大学城市学院咨询委员会委员，至此，加上先期聘请的咨询委员会主任、副主任和委员，城市学院专家咨询委员会共有成员 16 名，这 16 名专家组成了城市学院高级智囊团。

当时请到的专家有新加坡国立大学康长杰教授（管理首席专家），中科院院士、南京大学陈懿教授（管理首席专家），清华大学何晋秋教授（海外合作首席专家），香港中文大学程伯中教授（信息电子学科首席专家），香港理工大学梁天培教授（工程分院首席专家）、黄河清主任（工业中心首席专家）、汪国成教授（护理及康复学科首席专家）、杨国荣教授（工商管理学科首席专家）、宋海岩教授（旅游管理学科首席专家），香港青年工业家协会唐大威副会长（财务及金融管理学科首席专家），新加坡南洋理工大学林文钦教授（高新技术发展首席专家）和澳门旅游学院朱振荣教授。

专家咨询委员会的成员都是国际知名的教授、学者。他们的资源多，能量大，积极为城市学院出谋划策，为城市学院的办学提供了很多实际的帮助。

这些专家中有很多都是我的朋友。原来教育部有一个科技委员会，我是科技委员会的委员兼管理学部主任。我们的专家咨询委员会中有一批教授都是科技委员会的成员，我们对高校管理有着共同的理念和想法。我就请他们来支持城市学院的发展。

国内和我关系比较好的是曾经担任过南京大学常务副校长的陈懿教授。他还是中科院院士，是化学专业的知名专家。他对城市学院的基础教学方面有过很多好的建议。他指出重新审视传统大学教育模式的必要性，提倡既重视基础知识教育，又培养学生解决实际问题能力以及应用能力的大学教育模式。

清华大学的何晋秋教授，曾任中国驻美国旧金山总领馆教育参赞。他历任教育部留学司、外事司司长，后调任中国驻美大使馆参赞。他的主要研究方向为科技发展战略、国际比较教育。我就请他来帮助城市学院发展国际合作项目。

我和香港的几个大学的一些校长、教授都有良好的关系。像香港理工大学的杨国荣教授，他是搞纺织的，同时又从事质量管理学研究。在他的牵头下，浙江大学和香港理工大学合办了浙江大学—香港理工大学联合中心。提升企业本身管理素质的质量管理硕士课程，属国内首批正式通过国家教育部复核的中外合作办学项目。后来中心又扩充，办了授予学士学位的护理专业。现在更有酒店及旅游业管理、国际房地产、高级管理人员工商管理等硕士学位项目。杨国荣教授在管理专业有着丰富的管理和教学经验，我就请他加入专家咨询委员会，给城市学院的管理专业出点主意。

还有香港理工大学的酒店及旅游业管理学院副院长宋海岩。香港理工大学的旅游专业水平亚洲第一，也是他创办起来的。他的主要研究领域是旅游经济学，我希望他能为城市学院的旅游专业出出主意。2006 年 5 月他来城市学院，根据香港理工大学的办学经验，并结合城市学院的办学情况，对商学院旅游管理专业的办学发表了很多建设性的意见。他提到香港理工大学酒店与旅游管理学院最主要的特色就在课程设置上，坚持企业参与和学生参与的原则，这样才能更好地满足企业对人才的需求和迎合学生的学习兴趣。城市学院也和他讨论了开展旅游学科合作的事宜，希望能共同搭建"研究生立交桥"，并推动双方学校本科生互访交流。

选拔优秀学生赴港攻读硕士研究生，就是浙大城市学院与香港理工大学开展校际合作的重要项目。我记得第一年推出这个项目时，共有 45 名应届毕业生报名参加入学考试，最终 12 人顺利过关，赴香港理工大学，分别在电子及资讯工程、英语文学、日语文学、医疗科技、机械工程等专业攻读硕士学位。

香港中文大学的副校长程伯中教授，也是逸夫书院的院长，我们希望通过他推动浙大城市学院与香港中文大学的合作，吸纳城市学院的学生到中文大学去攻读硕士、博士学位。

新加坡国立大学常务副校长康长杰，是创新管理学研究专家，擅长运用颠覆性创新理论研究中国的企业创新发展问题。新加坡国立大学是亚洲十强之一。我们请他来城市学院讲学，同时也希望城市学院优秀学生能去新加坡国立大学深造，攻读硕士、博士。

前面提到的这些学校的专业，都是他们的品牌专业。城市学院通过咨询委员会的专家帮助沟通联系，和他们的学校签订协议，争取到更多的名额，可以推荐优秀学生去攻读硕士、博士。像香港理工大学招生处处长罗璇，就每年来城市学院进行招生宣传。

专家咨询委员会成立之后，也促成了浙大城市学院的一些国际教育项目。那时达成合作关系的院校有丹麦奥尔堡大学、新西兰怀卡托大学等。怀卡托大学后来还和城市学院联合创办了现在的新西兰 UW 学院。紧接着，城市学院开展了一批优秀的国际合作项目，很快就把学校的名声打了出去。

董事会领导下的院长负责制、产学研合作委员会、专家咨询委员会，这三者有如城市学院的三根顶梁柱，在城市学院初创时期稳稳地撑起了整个办学基本框架。打好了这个基础，城市学院才能有长远的发展，这个起步是很关键的。有了这个大框架后，工作的重点就是抓质量，过教学关。城市学院的鲁世杰院长、王立人院长、吴健院长都是抓教学的行家里手，他们面向社会需要，按办学规律设置系科专业，确定科研任务。浙大城市学院能发展得这么快、这么好，一个重要原因是教育方向抓对了。毕竟没有质量就没有学校，初创时期办学条件虽然艰苦，但一定要把学校的教育质量抓牢。还有一点，就是在抓好教学质量的基础上，积极开展科研工作，办出自己的特色。比如说护理专业就是城市学院里很有特色的专业。这个专业培养出来的毕业生非常抢手，很多年的就业率都是 100%，而且在浙医一院、浙医二院、邵逸夫医院、省儿童医院、浙医妇产科医院的就业比例很高。

城市学院首届新生开学典礼在 1999 年 10 月 4 号举行，正好是在我们国家成立 50 周年的大会之后，那时候庆祝的氛围还很浓，我总有种很奇妙的感触，浙江大学城市学院的这个趟，赶得确实很好。

这么多年来，城市学院通过各届领导班子和全体管理干部、教师的辛勤工作，取得了傲人成绩。社会上不少人士称赞浙大城市学院是高校和地方政府合作办学的一个典范，对城市学院的前景抱有极大的期望。前不久，我还看到邹晓东书记在访谈中提到，这种办学模式的创新意义在于，浙江大学能够通过城市学院这个载体，加强与地方政府在产学研方面上的合作，在设置专业时，着重培养学生的实践能力，让他们可以在吸取到丰富的专业理论知识后，能够更快地融入当地产业的发展进程中。对于这个观点，我也是非常赞同的。

浙大玉泉是西湖明珠，城市学院是运河灯塔

浙大城市学院是名城名校合作办学的一个典范。

杭州是座历史文化名城，它的历史可以追溯到秦始皇时期，始皇帝当

年曾到过当时被称为"钱唐县"的杭州，据传他上岸时用过的那块缆船石现在还留在杭州的宝石山上。"杭州"一名出自隋朝，虽在古今人眼中，隋炀帝昏庸无道，亲手断送杨氏江山，但也不可否认，正因为他的雄才大略，才开凿出如今积淀了千年古韵和繁华的京杭大运河。在南宋定都之前，杭州已经是江南人口数量最多的州城，因气候适宜、地域平坦，素有"鱼米之乡"一称。明清时期，杭州已成江南文人荟萃之地，杭州书院也是极为繁盛的。

浙江大学是名校，城市学院是依托名校创办的新型的应用型本科学校。浙大的玉泉校区和城市学院分别坐落在西湖和运河侧畔。这两个地理位置着实有种交相辉映的感觉。

浙江大学的前身是求是书院，由杭州知府林启于清光绪二十三年（1897）组织建成，为近代最早效仿西方学制的浙江高等学府之一，历经戊戌变法、辛亥革命等多次社会变迁。新中国成立后，由"国立浙江大学"改为如今我们大家熟知的"浙江大学"。而浙江大学的"求是"精神也正是来源于求是书院，创办初期，"勤""诚"之风兴盛，随着时间的不断推移，孕育并逐渐形成了"不应沾之于贪权功利为满足"，以尽"一己职责"的求是学风。虽然新的浙江大学迁址许久，但求是书院依然保留在杭州大学路，1997年被国家列为浙江省省级文物保护单位。

浙江大学玉泉校区便是四校合并前浙江大学的原址。玉泉校区背靠老和山，紧靠植物园和西湖西北角景区，是一处幽静的最佳学习场所。玉泉校区中的"玉泉"二字来源于一个美丽的传说。在西湖仙姑山北的清涟寺里，有一口长方形的水池，相传曾有一条被和尚牵制的犯错草龙从中钻出，因泉水如碧玉一般清澈甜冽，故得"玉泉"之名。

传说毕竟只是传说。不过，在现实生活中，玉泉的确是块风水宝地。且不提周边有西湖美景环绕，单只谈谈玉泉校区，这里面有着丰富的人文历史。进正门，沿着校园主道，就可看到毛主席的雕像矗立在前方。这座高达18.93米的塑像矗立在校园中轴线上。这座雕塑建于1969年，是玉泉校区最大的一座雕像。再往后走，在图书馆前的草坪上，可看见竺可桢校长的铜像。铜像高 3.2 米。每当学生路过此处，都可以记起校长带领浙大师生西迁，为了保留浙大的文化血脉所付出的心血。同时也会想到有名的"校长训话"：诸位在校，有两个问题应该自己问问，第一，到浙大来做什么？第二，将来毕业后要做什么样的人？

玉泉校区内还有一些纪念浙大校史当中有名的老师和学生的建筑，比如坐落于玉泉校区第七教学楼东的费巩亭。1933 年，费巩受聘于浙江大学，任政治经济学教授。1940 年出任训导长一职。在任期间，他力倡导师制，针砭时弊、宣扬真理，因此遭到了国民党当局的绑架。虽然后来周总理出面营救，但最终还是被害于重庆中美合作所。2005 年，浙大在亭中设立了费巩铜像，纪念费巩烈士遇难 60 周年。1997 年浙江大学百年校庆时，浙大校友会筹资，在邵逸夫体育馆南边建造了夏公（夏衍）亭。夏衍是我国著名作家，也是新中国电影理论与创作的奠基者之一，夏衍少年时曾在浙江大学的前身省立甲种工业学校求学。

玉泉校区里还有很多纪念性的建筑，西迁纪念碑便是其中一个。西迁是浙大历史上意义重大的一个事件。1937 年抗日战争全面爆发后，竺可桢校长带领全校师生辗转迁往贵州办学，延续浙大文脉，并在艰苦卓绝的环境里取得了举世瞩目的成绩。当年，虽然外头依旧是战火纷飞，但秉着"以天下为己任，以真理为依归"的信念，竺校长与师生们一起践行求是精神，创造了现代高等教育的一大奇迹。"东方剑桥"的美誉便来自那个时期。如今，这段历史、这种精神浓缩在纪念石碑上，激励和鞭策着一代代的浙大人。

说到浙大玉泉校区的选址，还有一段值得一说的历史。当时校址是请苏联专家选的。玉泉校区地处近郊，背面有两座山，老和山和彩华峰，风水上蕴意为二龙戏珠。老和山的中轴线方向偏 15 度正对西湖。于是我们在正对西湖的轴线上种植了一株罗汉松，就是学校大门前的那棵，现在已经成为一个地标。苏联专家又考虑到老和山下没有水，学校里需要一湾活水，于是又开了一条护校河。护校河把山水连起来，一直通到西溪。

记得在 1978 年到 1979 年之间，教六大楼，即力学系和地质系所在的那个楼，就是图书馆边上的那幢建筑裂开了，怎么回事呢？原来是教六边上的草坪出地下水，那个时候用水都用地下水。教六大楼是古建筑，由于地基下沉，墙体开裂需要保护。我们马上停采了地下水。省里也很重视这一问题，批了20万元，通过抽水、灌浆的方式修复。由于这一带地下水出水厉害，所以学校决定给地质系勘探组一个任务：把玉泉校区的地质情况勘测一下。主持这件事的是勘探教研组留苏博士杨祖兴。勘探组就在毛主席雕像前的草坪上打钻，打到198米时，打出了地下水，下面是一个水深9米的大水库。这个地下水库向东通到浙江医院，向西到古荡，向南到保俶塔。所以浙大就像一个大盖子，在这个大盖子下面全是地下水，这个水后来化验证明含氡。事实证明，在这个地质地貌上办大学是有科学依据的，下面是火山岩，没有震动，是搞科研、重点实验室、精密实验室、地下建筑的好地方。所以省里把地震台也搬进了浙大，因为这里一有震动就能测试出来。

另外，浙大邵逸夫科学馆那个位置，从考古角度来看，有三层墓葬，第一层是现代墓葬，第二层是宋代，第三层是汉代。这里出土的最重要的就是南宋兵部尚书的墓。这说明浙大这里一向就是人类活动频繁的地方，无论是从地质地貌，还是从人文地理上来说，都可谓是风水宝地。

城市学院的选址和浙大玉泉校区一脉相承，西湖和运河遥相呼应。

浙江大学城市学院地处运河南端终点，这里是主城区的北端门户，杭州近代文明的发祥地，是天下粮仓的所在地，是多元文化的汇聚地，具有杭州市北部地标性特点。浙江大学和杭州市人民政府共同建立浙江大学城市学院，是继承优良的文化传统，创造现代文明的英明决策。

杭州自东晋以来，就是佛国盛地，后经吴越国大加培育成为东南佛国圣地，寺庙众多，僧人满座。西有灵隐寺，南有净慈寺，北有香积寺（建于北宋978年），东有接待寺、华光庙、关帝庙等，是香客集散之地。香积寺门前的牌坊是运河码头的标志，各路香客沿运河南下，在香积寺登岸，磕头香，再乘船到昭庆寺，再从昭庆寺乘西湖船到赤山埠，再换船到灵隐寺。这一烧香求佛的香道，就是当时文化交流的大道。佛教文化传布的是古代文明。

在大运河和胜利河的交汇处是清光绪年间浙江巡抚谭钟麟主政修建的富义仓，是杭州的粮仓储藏和销售基地，和大运河发端北京的南仓遥相呼应。富义仓的储粮情况昭告着天下丰收或歉收。

大运河终点建有拱宸桥，距今已有300多年历史。一座拱宸桥体现着半部杭州史。该建筑始建于明代崇祯四年（1631年），是南北漕运的交通要道，是行商、货物集散的繁荣商埠。中日甲午战争后被日寇占作租界。杭州的手工业和近代工业在这里萌起，各类文化从这里传入杭州，各类人文术士，通过大运河进入杭州，奠定了杭州近代文明发祥地的独特地位。麻纱业、造船业、印染业、仓储业、运输业、近代工业从这里起步。伞文化、刀剪文化、扇子文化从这里发展迈向世界。拱宸书院积聚众多优秀的求学人才，甚至连杭州第一部电影也是在这里开始上映。

在历史上，拱宸桥就是杭州对外开放的前沿。大运河孕育了杭嘉湖的古代文明，缔造了杭州市的古代文化，深深影响着人们的生活方式和文化性格。而沿运河而立的杭州城市文明的魅力体现了传承和发扬、更新和创造的融合，使杭州这一历史文化名城更具灿烂的现代文明。

历史上的拱墅是商业繁茂、文明昌盛的所在，现代的拱墅也有着美好的发展前景。

近几年来，拱墅区在社会经济文化发展方面都有很多可圈可点的地方。拱墅区的文化创意产业发展得不错，在整个杭州算是起步早的。拱墅区依托京杭大运河，打造了像LOFT49创意园、丝联166文化创意园等一批文创产业园区，又如桥西直街、小河直街、大兜路历史街区都已成为运河边知名的景点。拱墅区的高新技术企业也越来越多，像智慧网谷小镇，里面入驻的知名企业集聚了新浪、联想、顺丰、58同城、华为云、奇虎360、招商蛇口、省国贸等一批顶尖级龙头企业项目。

浙大城市学院作为拱墅区辖地内的重要本科院校，要及时和高效地参与到拱墅区各大发展项目当中去。拱墅区与城市学院之间的合作是很紧密的。我记得 2006 年，城市学院就和拱墅区人民政府就开始了全方位战略合作，后又签署了战略合作备忘录。城市学院凭借自身的学科优势、人才优势、地缘优势，可以充分发挥高校文化辐射源的作用，为拱墅区的经济文化服务。拱墅区与城市学院的全面战略合作也能有力地促进学院教育教学改革创新和高素质应用型人才培养工作，提升学院的办学实力和特色水平；而通过战略合作建立的政产学研紧密合作机制，也使城市学院为推动拱墅区社会经济文化发展，全方位服务于拱墅区，作出了应有的贡献。

浙江大学城市学院，既是浙大的学院，又是杭州的大学，还是拱墅区现代文明的地域标志。浙大玉泉是西湖的明珠，城市学院则是大运河的灯塔。它们辐射先进的文化，传递科技的创新，向杭州、浙江输送最优秀的人才。

办学理念阐述

办好城市学院 迎接世纪挑战

（胡建雄顾问在 2005 年城市学院首届教育教学工作会议上的发言）

我们研究城市学院的教改，要从研究教学的普遍规律入手，提出城市学院的特殊性，再采取相应的改革措施，推进学院的改革。因此，要遵照中央提出的科学发展观、建立和谐社会的目标和高等教育"巩固、深化、提高、发展"的方针，从分析国家经济社会的发展和科技进步入手，来探讨深化学校教学改革的目的、方法和途径，从而实现培育优秀人才的目的。

一、关于城市学院的办学理念设计

教育的神圣使命在于传承文明。教育是现代文明的基石，加快科技发展，全面推进经济振兴和社会进步，都取决于劳动者素质的提高和大量高素质人才的培养。要与时俱进修正我们的办学理念。根据胡锦涛总书记提出的建设资源节约、环境友好、可持续发展的和谐社会的战略目标，我们要思考在新形势下办学理念的新视角：

（一）从全球化的角度，促进我们对全球化的理解和参与，审视我们的学科是否能承担参与竞争的历史任务；

（二）从建设和谐社会的角度，促进我们对社会需求的理解和参与，审视我们对社会文明建设能否起到引导和推进社会作用；

（三）从科技进步的角度，促进我们对科技发展的理解和参与，审视我们在继承基础上的创新能力；

（四）从可持续发展的角度，促进我们对环境友好的理解和参与，审视我们的以人为本的治学之道；

（五）从科技发展综合化的角度，促进我们对学科会聚的理解和参与，审视我们建立在个人创新基础上的团队精神。

在这里我们不妨看一下美国的高等教育。目前世界上 70% 的诺贝尔奖获得者在美国的大学供职，全球大约 30% 的科学和工程类论文以及 44% 的最常被引用的论文，出自美国的大学。美国教育成功的原因主要在于体制：一是联邦政府发挥有限作用，让学校自主办学；二是竞争原则，从教授到学生，形成竞争机制；三是强调应用，170 多所大学都建有孵化器，针对市场培养人才、开发产品。城市学院在思考办学理念时，这些都是可以参考的。

一个大学永恒的办学理念是应该永远年轻、永远不断更新自我。牛津大学创建于 12 世纪下半叶，剑桥大学建立在 13 世纪初，其他大学都在 19 世纪后建立，美国第一所大学约翰·霍普金斯大学建于 1876 年。这些学校至今还是处于世界领先地位。它们在历史长河中，不断挑战自我、更新自我，引导着世界高等教育的新潮流。

二、关于城市学院的功能定位

学校办学的首要问题就是学校的定位。每一所高等学校具体属于哪一类别，则应根据自身实际情况及所处环境来决定，盲目跨越不利于学校自身的发展。学院领导提出，城市学院属于教学型大学的定位是恰当的。也有人提出应定位为教学研究型大学。在这里我把高等教育研究单位提出的也有一定共识的教学研究型大学的边界条件列举出来：每年授予 10 个以上博士学位、200 个以上硕士学位；每年科研经费不少于 5000 万元；在国外及全国性刊物上发表论文 500 篇以上；应该围绕特色学科形成学科群，本科一级学科有效覆盖面在 4 个以上；在校研究生比例超过 15%。因此教育部把教学研究型大学以评为 "211 工程" 建设的学校为主流学校。所以说，我们还是把城市学院定为教学型学校为宜。

在学院林立、竞争激烈的形势下，我们认为城市学院的战略选择是，以杭州、浙江、长江三角洲战略发展为依据，发挥群体优势，大力培养高层次应用型人才，以特色为核心竞争力，占领企业、市场阵地。

有人问教学型大学能不能搞科研？要不要搞科研？

教学型是学校定位，以培养本科大学生为主。科研是学校的功能。不要把学校的定位和学校的功能混为一谈。《中华人民共和国高等教育法》中定义："高等教育的任务是培养具有创新精神和实践能力的高素质人才，发展科学技术文化，促进社会主义现代化建设。"我们现代学校有三大功能，即教学、科研及社会服务。培养高素质的专门人才是核心，三者的关系是一主二副三结合，教学为主，科研、社会服务为副，教学、科研、服务三结合。在这个前提下积极开展科研为提高教学质量、提高教师服务水平，同时为社会做出力所能及的贡献，创造出城市学院的特色和 "拳头"，同时要有以城市学院老师名义登记的专利。现在美国专利局大门上还刻着 "专利制度（技术发明）注入兴趣这个燃料，使天才之火燃烧起来" 一行字。知识产权应成为城市学院的重要品牌。温州医学院的眼科、宁波师院的拓扑学、老浙大的光学皆是品牌。城市学院要通过教师实践和积累，逐步形成教学、科研两个中心。教学型大学的科研怎么搞？通过总结世界各国在实践中的经验，我的体会是：

（一）抓科研带教学，促服务，以教学为中心；

（二）抓科研改造，提高老专业水准，带动建立新专业；

（三）力量布局上，大部分双肩挑，少数换肩挑；

（四）把编写特色教材列入科研范畴；

（五）把科研工作和实验室建设紧密结合起来（如心理学实验室、电子商务实验室、工业中心、生物技术中心等），它们既是学生的实习基地，也是杭州面向中小企业的技术促进中心；

（六）学生的毕业论文，应结合创新活动，融入挑战、练兵活动（如哈工大机器人）；

（七）科研题目来自产业，企业提供资助，紧密结成三结合、产学联盟；

（八）建立城市学院科学论坛，定期报告各院系的优秀成果，形成创新文化氛围；

（九）鼓励创新，宽容失败，领导要满腔热情支持新生事物，出版校内刊物《创新与争鸣》。

学院除了定位和功能设计外，围绕的是培养人才的目标。学院领导提出了培养应用型、复合型、创新型人才。这些人才应该具备：肩负本岗位实际工作的能力和参与竞争的能力，他们应该是高素质的优秀人才。"三型、二力、一优"的具体培养要求是十分明确的。进入 21 世纪，国家的综合国力与国际竞争力，越来越取决于人才资源的状况和创新能力。教育发展和国民经济与社会发展的联系日趋紧密，教育的先导性、全局性、基础性地位和作用日益突出。在全球性的新的经济竞争中，国家把扩大入学机会和增强高等学校适应性，作为战略重点之一。"三型、二力、一优"的人才培养目标是实现国家战略目标的基础性工程。我们应该在城市学院培养大量胜任本职、放眼世界、勇挑重担、敢于竞争的高素质的优秀人才。其中，创造性是核心。这是因为：学校总是以过去的知识告诉人们如何应对未来的挑战，这种知识和未来之间存在着时间上的差距。前人探索与创造的成果构成了教材的主要内容。这些成果受到当时环境条件和人类活动水平的限制，当它们写入书本时，世界已经发生了变化，最新的成就无法纳入其中。当学生在校园里学习它们的时候，世界又发生了变化，人们永远无法得到完全满足未来需求的知识。如果没有创造，知识只能帮助人们重复过去的道理，描述过去发生的事情。创造力才能使知识活化，为知识赋予灵魂。创新能力是人类过去的经验和未来命运之间的桥梁。

教育的本质，是一种以知识为载体，塑造人格、培养创造才能的历程。在实现培养目标的过程中，要注意防止学生浮躁心理，培养他们打好基础，要做到重基础、重交叉、重人文、重实践，做到根深叶茂。学习是继承，继承是创新的基础和前提，创新是继承的最终目的。勇于坚持才能有所创新，不能坚持就难于创新，创新是一点一滴的积累。建立在丰富积累上的科技创新是摩天大厦，缺乏理论和实践积累的科技创新如空中楼阁。积累是十月怀胎，创新是一朝分娩。只空谈而不落实创新就无从谈起。因此需要完整地考虑打好"四个基础"，合力抓好"三个类型"，培养"二个能力"，实现"一个目标"。

创新体现的不是表面的靓丽，而是一种实质性的进步和发展。城市学院是在教学大改革中起航，我想一定会在提高教学质量、培养优秀人才的激烈竞争中腾飞。

三、关于城市学院的学科结构

从打好"四个基础"出发，根据"三型、二力、一优"的培养目标，再来研究我们的学科设置。

城市学院设有7个学院（计算、信电、工程、生科、外国语、商学、传媒），1个直属系（法学）；含有34个本科主修专业，5个辅修专业，设计了模块化的课程体系。短短5年形成这样一套经过实践、基本成功的体系是了不起的成绩。

我就学科深化改革的问题，再提一点参考性的意见。可以把合理的意见充实到我们的计划中去，使之更紧扣目标，再上台阶。

在新技术飞速发展的情况下，学科展示出了新的特性：

第一，学科的新完整性（或称新完整性学科）。第一次提出学科概念的是普朗克。他将学科定义为，人们对专门学问认识的分类（大意）。既然是认识，它就是动态的，人们需要随着对学问认识的深化而不断研究它的内涵和外延，实现新的学科的完整性。时至今日，我们培养人才的学科应该是建立在新完整性上的学科，内涵上深化，外延上扩展。如前述制造业，就是加工、生产、装配。而现代制造业，就是服务业＋制造业，即服务制造业。

第二，应用对象（应用目标）的多学科性。采用多学科的知识和方法服务于一个对象，是当代就业、生产、服务、研究的一大特点。综合运用多学科的方法作用于一个对象，是当代产业发展最有前途的方向。

第三，学科的多对象性。像生物技术学科，它的对象有医药、农业、能源、环境、食品等。

第四，学科建设的信息化。如计算机信息处理技术已广泛渗透到人文、科技等各个领域。

根据学科发展的特点，我考虑要采取如下的措施：

第一，根据学科的新完整性特点，我们应该解放思想，打破因循守旧、故步自封、囿于现状的陈旧观念；广泛吸取科学技术进步成果，适应经济增长模式转型的需要，深化学科内涵；积极扩充学科外延，充实学科的价值链，打造学科发展的"微笑曲线"；为"三型、二力、一优"学生培养模式奠定坚实的基础。

第二，根据应用对象的多学科性特点，加强学术之间的交叉渗透。要根据学科扩充、深化的需要形成"教师共同体"，各施所长，勇于创造，形成本学科的特点和优势。2005年的诺贝尔奖得主以色列数学教授罗伯特·奥曼，从1955年从事数学研究至今。他于1991年发起建立由12个专业教授组成的理性研究中心，探讨理性决策研究，并因此获得诺贝尔奖。可见多学科交叉结出了硕果。造成我国原创性成果稀缺的重要原因之一，就是科学共同体没有成为我国发明创新活动的主力军。学科互补是双赢或共赢的，学科特色各校是互不相同的，相同了就不叫特色。

第三，根据学科的多对象性特点，要夯实现代基础，使学生有较强的社会适应能力。专业方向设置要多元化，以复合型人才的要求让学生根据不同的能力学到更多的现代知识。

第四，根据信息化的特性，要充分加强应用计算机及外语的能力，使其在人类现有广而深的知识海洋中挖掘、利用。

第五，要高度重视新的工艺革命，加强专业实践的锻炼，掌握先进的技术。任何物质生产，不管科技怎么发展，最后都要在工艺上加以实现。如果没有先进的机器人制造技术，"勇气"号、"机遇"号火星车就寸步难行。如果没有热板粘贴技术，航天飞机就会机毁人亡。同样的飞机零部件，由我国的技术人员组装只能飞400小时，由苏联技术人员安装就能飞800小时，由美国的技术人员安装能飞1200小时，这就是工艺水平的差距。应用型本科大学生的工艺训练万万不可缺少。有人说，现在的大学生除会玩计算机，讲两句外文外，其他都比不上职校学生。这种讲法以偏概全，不全面，但也不能不引起我们对培养应用型人才的高度关注。

第六，社会经济发展仰仗科学技术，依赖教育，然而更需要文化，需要鼓励进取、催人奋进、勇于探索、创造新文化。如果把培养的人才比作美丽的红苹果，那么，学校教育是长出红苹果的树，科学技术知识是培育这棵树的土壤和肥料，文化则是看不见的地下水、合适的温度和阳光。因此，人文学科建设的优劣是我们实现培养目标成败的关键。

至于学科如何设置，专业方向如何确定，课程模块如何改革，均要各位老师发挥聪明才智，与时俱进，共同创造。

四、关于城市学院学生的成才设计

培养学生成才是学校工作的中心，成才设计要适合学生自身特点的发展，这方面学校已积累了不少成功的经验，我了解不多，仅提出几点意见供参考。

第一，对学科、专业要广泛开展社会和国际评估，每学期或每学年一次，请社会贤达、国际上对应的学科专家，组成5～7人的评估委员会，进行定期评估。要实现城市学院的领先地位，这一条不可少，这其中投资的资金也是必需的。

　　第二，要加强基础训练（包括实践训练），加大作业（包括期末大作业）的分量，严格考核、考试制度。不做作业练不就内功，少林寺和尚不打坐，不练梅花桩，就练不出真功夫，出不了真本事。学院建院以来，勒紧裤带挤出 4000 多万元建设 63 个教学实验室，现已有 47 个建成，16 个在建，这是城市学院高过其他类似学院的一着。今后实验室建设，要提高技术综合程度，形成综合训练中心。同时要争取实现长效开放，并规定学分。实验室是学习和创造的基地，万万不可小视。

　　第三，要学习和实行以学生为中心的导师制。导师制源于牛津大学（15 世纪发起）。导师对学生成才进行跟踪指导，对学生专业取向进行指导和调整，不搞一考定终身，要因人而异。实行学生专业有序流转，进行差位调整，必要时学校可考虑暂时设立专科部，学生根据自身情况流转入专科部。

　　第四，教育部部长周济提出："高校质量评估体系，将逐步建立与人才资格论证和职业准入资格挂钩的评估体系及制度。"城市学院可与国际上的资格认证机构联系，引导学生对应地报考国际资格证书。拿到了国际资格证书，在国外或国内外资企业就职就有了优势。资格评估制国外已有多年历史，但中国才实行了 10 年。

　　第五，大力开展日常英语的应用训练，要造就学英语、讲英语的人文环境。我把这叫作"英语养成"，不要怕，要开口，久而久之也就习惯了。

　　第六，开展各类专业互助和竞赛活动，启迪新知，培养兴趣，培养团队精神，勇于竞争。同时要开展寒暑期的社会调查、社会实践，切实推进产学研工作。

　　学生成才，需要教师的教育和传帮带。城市学院有一支优秀的教师队伍，在短短五年里呕心沥血、艰苦创业、精心教育，取得了骄人成绩，城市学院成为全国独立学院的龙头老大，他们功不可没。又有母体浙大的百余年成功经验可以借鉴，我们有充分的信心创出更好的成绩。但我们也必须看到，当代科学技术发展形成的思维方式和我们过去的思维有着很大的进步和不同：从绝对走向相对，从单义走向多义；从精确走向模糊；从分析走向系

2002 年 10 月 14 日，时任教育部党组副书记、副部长周济一行视察浙江大学城市学院

统方法；从定域走向定场；从时空分离走向时空统一……这不仅使人类对客观过程的认识更加深化和全面，而且把我们的认识水平提高到一个崭新的阶段。科学技术的概念、方法和手段向人文社会科学渗透，以及人文社会科学的价值、伦理观念和理论在科学技术中被广泛应用，引起了当代思维方式的深刻变革。城市学院肩负重任，只有紧紧依靠广大的老师，与时俱进，改革发展才能达到预期的目标。恳切地希望老师们不负使命，再创辉煌。

小链接

时任浙江大学党委书记邹晓东回忆浙江大学城市学院的创建

当时四校合并后的新浙大，无疑在浙江省的高等教育结构中，占据重要的位置。但从本省角度而言，省政府相关负责人则是希望浙大能多招点本地生源，为本省的发展和人才建设做好服务。但像浙大这类部属高校，在本省招的本科生比例一般不超过全部招生名额的30%，如何解决这个矛盾呢？

有没有一种办法，既能不占用浙大的招生名额，又能发挥浙大的资源优势，为浙江培养更多的优秀学子？

浙江大学城市学院就在这个背景下应运而生！定位就在于它是一所服务地方，为地方经济发展培养人才的应用型大学，也被教育部誉为全国独立学院的"样板"。可以说，它是新浙大组建后，对于高等教育发展进行的一次创新改革。

很荣幸，组织上任命我为浙江大学城市学院党委书记，并紧急抽调了22个人，去创办浙江大学城市学院。

回想当年，浙江大学城市学院创办时间是很急的，4月份才提出要成立城市学院，以至于当年招生时，很多人都不知道有这所学校，但我们没有降分录取，即使没有招足学生。当时连办学的校址找的都是邮电学校的新校址，而这个校址还是中专学校的配置，并且搁置了好几年没有使用。但是，当时我们整个初创团队都对这所大学很有信心，这也可以说是天时、地利、人和的因素。

所谓天时，就是当时从中央到地方政府，对高等教育的发展都有需求，特别是对于新型的应用型大学需求很大，因此各方都很支持。所谓地利，就是当时选择的合作型办学模式，地方政府有地方政府的优势，浙大有浙大的优势，城市学院将两者结合了起来。而人和，就是浙大本部很支持城市学院的办学工作，无论是在师资还是在人才队伍建设上都给予了很大支持。举一个例子，当时城市学院的大部分课程都是浙大的教师直接来上课的，浙大的相关院系都予以了支持，而城市学院的干部很多也是由浙大调过来的。

万事开头难，天时、地利、人和齐备，还要共渡创业的难关！

直到现在，我还能清晰回忆起当初创办城市学院的场景。第一天去浙江大学城市学院办公时，我发现所有的一切都需要购买，学校连办公桌、椅子都没有，教室和宿舍更是一片空空荡荡。于是，我们就只好站着办公，先把工作干起来！因为学校没有食堂，为了不耽误工作，我们就在旁边的小店打包盒饭，带回来站着吃。

为了将新学校一切筹备妥当，当年新生入学推迟到10月份。等到第二年，浙江大学城市学院知名度大了，招生也就自然顺利了。当招生数量上来后，校址的扩建就开始摆上议程。建在哪里呢？当时有人建议，让我们去杭州下沙办学。我们班子有五个人，留了一个人在学校里坐镇，其余包括我在内的四个人一起开车到下沙去看校址。从浙江大学城市学院所在的城北拱墅区到下沙，一路开车过去，我们的感觉是下沙不符合学院服务城市的定位。

虽然当时城北的环境不太好，但我们还是建议原地发展。我记得时任杭州市市长的仇保兴带队来城市学院调研，在学校当场拍板，城市学院在原地原址扩建。但是扩建需要费用，费用从哪里来？当时的情况是，政府可以出钱补贴一部分，但最主要还是靠贷款。当时，因为涉及学校建设，所需的费用很多，而贷款的利息很高，学院建设发展的压力很大。学校的收入来源主要就是学生的学费收入，但是全校才400多个学生，每个学生的学费收入只有12000多元。

怎么办？我们将所有与学校相关的费用列出，开始精打细算。在节流的同时，我们也想着法子创新，去开源！

经过多年发展，现在有很多人评价，浙江大学城市学院是高校与地方政府合作的典范。我认为，这种模式的创新意义在于，浙大通过城市学院这个载体，加强了与地方政府的产学合作，在学院专业的设置上，也充分结合了当地产业发展的需要，着重加强了学生深入当地的实践能力。

在整个过程中，创新是贯穿其间的要素。我们打破自己之前的条条框框，争取一切可以对接的资源，开创新的模式进行合作。当时，我们跟杭州市的一些局委办都有比较多的合作和对接，比如说我们的法学院跟司法局的联系就很密切。

当然，在与地方的合作方面，浙大城市学院只是一个典范，但不是全部。从服务海洋强省建设的浙大海洋学院，到响应浙江高层次创新性工程科技人才复合交叉培养的浙大工程师学院；从聚焦科研创新的之江实验室，到面向"双创"的紫金众创小镇，浙大通过模式创新，与宁波、台州等地建立了合作关系。可以说，创新让浙大的发展力量每一天都在增强。杭州的城西科创大走廊被誉为"杭州硅谷"，目前已经形成浙大与阿里巴巴双核发展的创新态势，这是浙大在创新方面的部署，将为浙江的创新驱动提供动力。每年从浙大毕业的学生，浙大从全球引进的人才，也在不断为浙江的发展造血。可以说，浙大的创新是一个系统性、生态性的创新，已经融入方方面面。

好大学不只体现在排行榜上。中国的高等教育是一个各具形态、和谐共生的生态系统。高水平大学要积极培育顶尖人才，持续贡献顶尖成果，为高等教育发展提供中国方案；综合型大学要以一流学科为牵引，集中力量发展优势领域；专科特色、行业特色鲜明的大学要在特色领域做大做强；以文理见长或以教学见长的大学，要着重在基础学科发展和教育教学上深耕细作，打造世界一流的教育品牌。这就需要掌舵者认准适合自身的方向，勇于创新，勇于变革！这些年来，无论浙江的发展也好，还是浙大的发展也好，有如今的成果，都是依靠改革创新。

（节选自《浙大的 40 年　改革的 40 年》，《浙江改革开放 40 年口述历史》，浙江科学技术出版社 2018 年版。）

第三章　继承和发扬浙江大学求是创新精神

　　求是创新精神的延续，"浙大系"的领导班子、管理干部和教师给学院带去的浙大求是创新的优良校风、先进教育理念、高水平管理，还有从浙大辐射过来的各种有形和无形资源，这些都是办好浙江大学城市学院的有力保证。

——胡建雄

胡建雄口述

城市学院的成立与发展得益于名校办学。建院后浙大与城市学院采取了许多创新措施，通过种种渠道和方式建立紧密的联系。城市学院初创时，各系系主任由浙江大学相关院系负责人兼任，并聘任浙大有丰富教学和管理经验的教授、副教授为执行系主任。浙大还向城市学院派送大批专职优秀教师，确保学院初创时期的教育质量，并为建设一支高水平的教师队伍打下基础。学校还可以与浙大共享丰富的教学资源，如教学实验室设备、图书馆资料等。城市学院每年都有相当数量的学生到浙大本部辅修各种专业、选修各种课程；每年在一、二年级的学生中，选拔一定数量的品学兼优的学生直接转入浙大相关专业就读。此外，浙大城市学院从 2003 年起，还与浙江大学联合招收培养硕士研究生，这在全国独立学院中是首开先河。城市学院的研究生教育是在浙大的基础上进行的，所以发展空间也很大。

名校办学是城市学院高起点办学、跨越式发展的保证。浙江大学城市学院在校风、学风上与浙江大学一脉相承。我们城市学院可以说是延续了浙大求是创新的精神，延续了科学研究和社会实践结合的办学理念，延续了浙大严谨的教风和学风，但是又和浙大错位发展，在办学路线、办学目标、学科设置上有所不同。我认为，求是创新精神的延续，"浙大系"的领导班子、管理干部和教师给学院带去的浙大求是创新的优良校风、先进教育理念、高水平管理，还有从浙大辐射过来的各种有形和无形资源，这些都是办好浙江大学城市学院的有力保证。

"211 工程"成功申报，城市学院秉承"求是精神"并错位发展

说到这个具体的继承关系，我觉得要回溯到浙大申报"211 工程"。浙大的"211 工程"建设使得学校跃上了一个新平台，定下了成为世界一流大学的目标。"211 工程"的成功申报，促使浙大在近几十年来形成了新的办学风格和特色，"211 工程"的成功申报也是浙大城市学院发展的一块基石。正是在此基础上才有城市学院办学的定位与互补，确定城市学院应该办成应用型、复合型、创新型大学。所以有必要详细回顾一下这段历史。

"211 工程"也是我在 20 世纪 90 年代经历的一个重要事件。

1990 年 6 月，国家教委在制定全国教育事业十年规划和"八五"计划时，提出在两到三个五年计划内，有计划地重点投资建成 30 所左右的重点大学。后来又考虑到要形成一批行业带头学校，经过多次研究，最终决定，为了迎接世界新技术革命的挑战，面向 21 世纪，要集中中央和地方各方面的力量，分期分批地重点建设 100 所左右的高等学校和一批重点学科、专业。使其到 2000 年左右在教育质量、科学研究、管理水平及办学效益等方面有较大提高，在教育改革方面有明显进展，力争在 21 世纪初有一批高等学校和学科、专业接近或达到国际一流大学的水平。这项发展高等教育的重要措施开始简称为"211 计划"，后来确定为"211 工程"。

概括"211 工程"，我觉得用 1993 年 7 月国家教委发出的《关于重点建设一批高等学校和重点学科点的若干意见》中的这句话最为合适："211工程，即面向 21 世纪，重点建设 100 所左右的高等学校和一批重点学科点。"

早在"211 工程"之前，我们就立志要将浙大建设成"世界一流大学"。因而"211 工程"的申报，正是我们全力冲击"世界一流大学"的一个契机。

1994 年申报那年，浙大已拥有教授 250 名，副教授 865 名，博士生导师 108 名，还有中国科学院院士 4 名，中国工程院院士 2 名。在通过长期建设后，师资队伍的层次结构和年龄结构逐步趋于合理。教师中，有博士

学位和硕士学位者占 48.4%，全校教学科研人员占教职工总数的 52.7%，教师和学生之比已由 1989 年的 1∶6 提高到 1∶8.5。45 岁以下的教师有 119 人，其中博士学位占比 21%，硕士学位以上者占比高达 89.7%。

紧接着，学校建立了学术二梯队和优秀青年教师的"双百人"队伍，重点扶持，跟踪考察，滚动培养。当时，我们博士导师的平均年龄为 57.4 岁，50 岁以下的有 15 人。全校有 7 名青年教师被列入国家教委优秀年轻教师基金重点跟踪名单，有 5 名青年教师获霍英东青年教师奖，3 名获得国家自然科学基金委员会优秀中青年人才专项基金，2 名获得国家教委"跨世纪人才"培养基金。

同一时期，学校聘任了 161 名国内外著名学者专家兼任教授，提高了学校总体学术水平。学校通过建立事业编制和企业编制双轨运行，聘任制和合同制相结合的人事管理模式，以及实行博士生全面兼任助教、助研、助管等制度，保证了师资队伍的合理结构，建立起保持高水平高素质的有效机制。

浙江大学的学科布局门类已经比较齐全，重点学科的实力雄厚。已设有研究生院、成人教育学院、职业技术教育学院以及石油化工学院、工商管理学院、轻工学院、建筑工程学院、对外经济贸易学院等 8 个学院；设有 14 个工科、5 个理科、5 个文科共 24 个系科；有本科专业 51 个，硕士学位学科 85 个，博士学位学科 35 个，有 10 个一级学科（含 25 个专业）建立了博士后流动站。同时，还拥有 9 个国家重点学科，9 个国家重点（专业）实验室，1 个部门开放实验室，2 个国家工程研究中心，2 个国家工程技术研究发展中心。

当时，9 个国家重点学科已完成科研项目数百项，经费达 4138 万元，其中一半以上为国家级科研任务，承担科研项目的经费近 4000 万元。9 个国家重点实验室于 1994 年年底全部建成，其中高纯硅及硅烷、聚合反应工程、CAD&CG、流体传动及控制国家重点实验室已经建成并开放。1994 年 5 月，经卫生部批准在学校建立了生物工程评估研究中心。工业自动化国家工程研究中心已获得国家 2500 万元的重点建设投资。电力电子应用技术国家工程研究中心已获国家计委批准投入重点建设，总投资额约 400 万美元。学校的数学学科还建立了国家理科人才培养基地。

学校还坚持深化科研体制改革，在二级学科建立了 90 个研究所，强调学科的交叉和联合，建立了非线性科学等一批交叉科学研究中心。学校还确定若干基础领域，每年自筹 500 万元经费支持基础研究和学科建设，形成基础研究定向化。同时，为促进学科建设和面向经济建设主战场，进而组建了 43 个学科性公司，在学科中形成了上（基础研究）、中（应用研究）、下（开发研究）游一条龙，联合社会企业建立科技开发基地，改善科研条件，促进科技成果转化为现实生产力。跨地区跨部门组建的杭嘉湖科技开发公司、东海科技实业公司，推动了地区经济的发展。经国家经贸部批准，成立了高校首家对外技术贸易公司，把高科技产品和技术推向国际市场。

在浙大申请"211 工程"进度不断推进时，浙大也为适应国家对外开放和高等教育国际化的趋势，持续加强国际交流与合作，促进学术水平的提高。那时，学校已与美、英、德、日等国家和地区的 45 所院校及单位建立了合作关系。1993 年派出学者 206 人次出国考察、进修、讲学、合作研究，接受 651 人次外国专家学者来校访问、讲学与合作研究。改革开放以来，学校共有计划选派 660 名骨干教师赴国外著名大学进修，其中计有 70 多名走上校、系领导岗位。那几年里每年举办国际学术会议 5 ～ 6 次。

之后，浙大还先后与柏林工业大学、德国学术交流中心联合建立了德语中心，与澳门贺田工业公司联合建立了浙大—贺田模具工业公司，与英国文化交流协会联合举办英语培训项目。学校还得到包玉刚先生的捐助设立了包兆龙包玉刚中国留学生奖学金，得到李政道先生的支持建立了浙江近代物理中心，得到邵逸夫先生的资助建立了工商管理学院。学校经国务院台湾事务办公室批准建立了台湾研究所。建立了面向国际的高等数学研究所，在海内外赢得了很好的声誉。

学校采取各种形式加强与国内各部委、大中型企业、重点经济发展地区的联系，扩大社会服务范围，同时增强学校综合实力。1988 年以来，先后与中国石化总公司、轻工业部、建设部、能源部、监察部、国家商检局、中国专利局、中国核工业总公司等部委和浙江省外经贸委，以及上海宝山钢铁公司、武汉钢铁公司、胜利油田、大庆油田等大中型企业建立了联合办学、科技协作的稳固关系，成立了有国家部门参与并资助的石化学院、轻工学院、建筑工程学院、商检教育中心、专利教育中心、外经贸学院等办学实体。

在这样的基础条件下，我们非常有信心申报成功。

1994 年 11 月 15 日，我向国家教委"211 工程"部门预审专家组进行了预审总体汇报，题目是"跨入新世纪 争创第一流——浙江大学申请'211工程'部门预审总体汇报"。在报告中我回顾了浙江大学历史、现有办学情况，也展望了学校的总体建设、发展目标和思路：从现在起到 2010 年及以后，浙大发展的总体目标是全面贯彻党的教育方针，继承和发扬"求是创新"的优良传统，努力把浙大建成以工为主、理工结合、人文经管协调发展，在学科布局、人才培养、科学研究、运行机制等方面有鲜明特色，跻身世界一流水平的具有中国特色的社会主义大学。

我们尤其重视学科建设，认为学科结构的合理调整和布局是浙江大学面向 21 世纪再上新台阶的重大任务，是实现浙江大学与世界著名大学平等对话，取得国际地位的首要条件。学校在学科布局方面采取了"三、三、二、八"的建设思路。

第一个"三"，就是学科具有教育、研究、社会服务三个功能，学校要发挥学科的教育功能，培育高层次的更具竞争力的人才；要发挥学科的研究功能，攀登科学技术的高峰；要发挥学科社会服务功能，推动高新科技转换成现实生产力，促进国民经济三大产业的发展。各个学科有所侧重地发挥这三项功能，在学校整体中找到发展自己的合适位置，从而促成整个学校的发展。

第二个"三"，就是学校学科的总体布局，具体有如下三种考虑：

（1）重点建设一批学科，包括那些有基础有实力、有长期的科学积累、已经占据前沿的若干工程学科和应用理科。这些在规划中优先发展的学科，要更好地发挥优势，走理工交叉、文理渗透、国内外校内外联合协作、注重内涵的道路，努力赶超世界科技先进水平。

（2）相应发展一批学科，包括那些社会和国民经济（尤其是第三产业）迫切需要的文、法、商、管应用学科。这些在规划中充实完善的学科，要努力面向实际需要，主动适应社会主义市场经济发展，在为社会的积极服务中提高水平、壮大自己。

（3）慎重布局一批学科，包括那些学校已有和待建的21世纪主流学科，诸如信息、材料、能源、资源、环境和生命等学科。有选择地布局这些学科，要充分利用学校的改革政策和有限投入，跟踪相关学科前沿，打好教育和科研的基础，不失时机地为学校的再上台阶做出贡献。

"二"，就是学科的双层运行机制，学校继续完善二级学科建立研究所室的经验，健全二级学科的教学科研的活力和机制，同时推动一级学科和相关学科优势互补的交叉联合，建立学科群和科学合作中心。用这种双层机制协调教育与科研，确保"两个中心"建设任务的完成。用这种双层机制，调动广大教师教育与科研的积极性，增强学科这个学校基本结构的生命力，进而保证学校的整体竞争力。

"八"，就是"开放、网络、动态、竞争"的学科建设八字方针。

"开放"，是向上紧密联系中央各部委，向下紧密联系三大产业的有关企业，同时扩大与国外大学和单位的交流合作，全方位争取社会力量对学科的支持，加强学科发展的活力。"网络"，就是以现有国家重点学科为中心结点，生长出理工文管诸学科交叉的网络；鼓励这些网络在完成科研任务的同时，以复合型的导师群体完成交叉学科的复合型研究生培养任务。"动态"和"竞争"，就是要在面向现实的和发展的多样化需求中，参与竞争、开拓进取；学校以适度的资金投入，以学术带头人或项目负责人的公开招聘等政策引导，提供人、财、物和信息流动的微循环条件，促使学科主动适应环境、健康成长。

"211 工程"申报成功后，经过二十多年的发展，浙江大学已经实现了原有目标，跻身于世界一流大学之列。我认为浙江大学已有强大的教学科研实力，但是和更好的学校相比也有差距。浙大科研成果多，水平高，师资整齐，虽然星星很多，但缺少了太阳和月亮。浙江大学接下来的努力方向是招大牌教授，国际知名的教授，要有更多的突破型成果。

从 1994 年申报"211 工程"到 20 世纪末，浙大已快速发展为一所特色鲜明、在海内外有较大影响力的综合型、研究型大学。但是浙江省也需要大量应用型人才，为杭州市、浙江省的经济社会发展服务。当时，我们就已经意识到这一点，便萌发了为杭州市乃至整个浙江省培养复合型、应用型人才的想法。那么，我们为什么不考虑在浙江大学内建设一个这样的学院呢？但浙大建立新的分院，需要更多的土地资源，资金是一个大问题。浙大在申请"211 工程"时，将全部精力投入学科建设等方面，努力冲击世界一流，再拿出大量资金发展应用型人才，显然有些吃力。所以，为了更好地为杭州乃至浙江服务，我们便想到与杭州市人民政府联合成立一所学校，浙大提供教师、教学资源，杭州市人民政府提供资金、土地，岂不是一举两得。于是，在运河之畔，秉承浙大"求是创新"精神，一所全新的应用型、复合型、创新型大学——浙江大学城市学院应运而生。

"浙大系"精兵强将撑起整个城市学院

在整个建校过程中，来自浙大的领导班子、管理干部和教师团队起到了重要作用。可以说，这些浙大的精兵强将撑起了整个城市学院建设。

城市学院历任的院长和书记，都来自于浙大。我印象很深的是第一任院长鲁世杰，他是 1999 年至 2005 年在任的。鲁世杰院长自上任后，就借鉴了浙大的办学模式和标准，但不呆板照搬，注重培养学生的兴趣、自信心，他也十分强调实验、实习，培养学生的动手能力，同时对城市学院的基础教学、实践操作抓得非常紧。这样一来，鲁世杰院长就将城市学院的基础定位定下来了，也是在他那一任上，明确了城市学院的办学目标是成为一所具有 10000 名全日制本科生办学规模，有较高办学水平、现代化办学设施和鲜明办学特色的地方一流综合性高等学校。

接下来 2005 年至 2008 年，王立人院长上任了。王立人院长曾经参加了浙大城市学院的筹备工作，是筹备小组的副组长，为浙大城市学院的创建付出了很多。从城市学院最初创办时期，他就一直工作在第一线，每一个环节都亲身经历，对城市学院的情况比较了解，也深知潘云鹤校长创办城市学院的理念。后来，他又成为城市学院的第二任院长。王立人院长上任后，最亟待解决的是这样四个问题：我们应当培养什么样的人、怎样培养？应当建设什么样的学校、如何建设？当前应该抓什么、如何抓？建设什么样的班子、怎样建设？也就是说他最关键的任务就是定位城市学院的发展方向。那一届的领导班子认为，作为一个完善的大众化高等教育体系，应该有不同层次、不同类型的大学；这些大学在不同的办学定位上有着不同的使命，而每个类型中都有最好的大学、名牌的大学。经过城市学院领导班子多次会议讨论，就是在他这一任上，确立了浙大城市学院要建设成为"应用型、复合型、创新型"大学的办学目标。大家一致认为，坚持科学的办学定位，厘清思路，勇于创新，把求是精神和城市学院特色相结合，城市学院完全可以发展成为中国最好的教学型大学。

在确定城市学院的办学模式、办学目标以及发展方向这些重大决策上，历任的各位领导也都起到了重要作用。邹晓东书记，吴健院长，韦巍院长，胡礼祥书记，叶民书记，还有庄华洁，曾经是城市学院副院长，后任浙江省教育厅师范处处长。城市学院现今能发展壮大，在各个领域都取得不俗的成绩，和他们的努力都是息息相关的。

有了坚实强干的领导班子和管理干部，城市学院还需要一批教学能力强，又有担当的老师。这就得提一提从浙大调过来的各系系主任及骨干教师了。

先从工程分院开始说起。2003 年学院开始设二级分院，这时候建校初期的土木系加上 2001 年创办的机械设计系和 2003 年创办的建筑学系合并成了工程分院。土木系是城市学院创办之初的八个系之一。土木系当时的兼职系主任是陈云敏教授。陈云敏教授是浙大培养出来的优秀学生，1983年毕业于浙江大学土木工程学系，1986年获浙江大学结构工程硕士学位，1989年获浙江大学岩土工程博士学位，后来留校任教，也是浙大的优秀教授，2015年时被增选为中国科学院院士。有着这样实力的教授能来城市学院兼任系主任，给城市学院的学生带来的资源是难以估量的。再说机械设计系，该系的创办也离不开一位浙大机械工程学系的教授——石永刚教授，他在2001年进入城市学院工作，是城市学院机电系的第一任系主任。他到城市学院工作后，非常敬业，可以说是以城市学院为家，以学生为子弟，全心全意地培育学生。机械系创办时，几乎没有专业老师，当时实验条件也没有，完全要靠外部力量来办学。石永刚老师借助自己在浙大的关系，把浙大的师资和资源都引了进来，把浙大机电系的教学管理经验也运用到城市学院，这为后来工程学院的建设起到了奠基作用。

商学院的建设，也是从几个系开始的。管理学系的石瑛老师，1996年从浙大退休，2000年再到城市学院工作。第一份任务就是组建城市学院的管理系，她很注重教师团队的质量，组建了一个高质量的教师团队，为城市学院商学院的长久发展做打算。她为城市学院的国际合作项目做了大量工作，在管理系刚成立不久，城市学院就提出了要培养国际化人才，走国际合作办学的道路。这个思路也是比较超前的，我们城市学院在国际合作办学这一块起步比较早。当时与澳大利亚南昆士兰大学合作，还有与新西兰怀卡托大学合作，都和石瑛老师的努力分不开。2000年，王正卫老师来到城市学院，我们给他的任务就是组建经济学系。他是一个很有创业激情的教师。当时，我建议在经济系设立一个家族企业研究所，我可以利用香港企业家朋友的资源帮助创办。我还给了王正卫老师一本英文版的关于家族企业研究的书，他立刻组织老师进行翻译阅读，读完后，还组织了会议和我交流沟通。他们这种认真高效的工作态度得到了香港企业家陈曾焘的认可，于是资助了家族企业研究所。

计算机系的第一任兼职系主任是陈纯教授，他是在浙大计算机系获得硕士和博士学位的，后任浙江大学计算机科学与技术学院教授。和陈云敏教授一样，也是2015年当选中国工程院院士。他的加入一下子让计算机分院的教师阵容层次提升了不少。计算机系的首任系主任是冯树椿教授，原来是浙大计算中心的主任，后来不做系主任了，也仍是计算分院的顾问，还坚持上课。现任计算机分院院长王泽兵，是2003年9月份从浙江大学计算机专业调到城市学院计算机分院的，他特别欣赏应用型人才培养的模式，坚持以信息为对象，以网络技术为环境，以计算机为核心，培养从事信息化的人才的理念。

说到信电分院就不得不提谢道隆老师，他在1999年城市学院刚刚建校的时候就来工作了，代表浙大信电系来城市学院建设信电分院，在城市学院工作了整整十年。他也是非常强调学生实践方面的能力。还值得一提的是，谢老师当时也是浙大的教务秘书，在城市学院建设初期，很多教师都是从浙大本部调配过来的，他特别注重教师质量，把他看中的有能力的老师想办法调到城市学院。这样一来，整个城市学院的教学氛围、教学质量都得到了很好的保证。信电分院刚开始时是由自动化系和通信系组成的，2003年5月份的时候合并成一个分院，沈继忠老师就是那年从浙大调往城市学院，成为城市学院信电分院的兼职院长，2004年学校申报杭州重点实验室，沈继忠老师就是主力军之一，专家来分院实验室进行参观时，也是他给专家做的答辩。

万盛昌是外语系第一批教师，2000年从浙大调来担任外语系主任。他有一整套的教学体系，认为大学教育要分成三块，即道德人品、专业技能和能力培养，基于这三块，他来到城市学院后着力培养外语系学生的全面发展。2003年，浙大城市学院外国语学院成立后，浙大外国语学院副院长何莲珍教授被聘为城市学院外语学院院长。何莲珍老师的英语水平很棒，联合国曾想聘她做翻译，她没有去。2018年她成为浙大副校长，还入选了浙江省特级专家。她在城市学院时也是借助浙大外国语学院的资源，帮助提高城市学院的英语教学质量，开展国际交流合作。

　　医学院沈王兴老师，2000年从浙大化学系调入浙江大学城市学院工作。2002年，沈老师牵头创办城市学院的护理系，办学的目标、教学的计划等都和浙大形成紧密的合作和互动。曾任医学院院长的张爱珍老师也是从浙大调入。2005年她上任后，她所在的领导团队做出了一个重大决定，临床医学的学生到大三阶段，尽快安排他们住在华家池校区，然后到浙一、浙二、邵逸夫、妇产科和儿童医院这几家医院实习。这样一来，城市学院学生的实习医院与浙江大学硕士博士的临床实习医院基本一致，这对于城市学院来说是极好的学习资源了。城市学院医学院下面有医学系、药学系和护理系，这几个系与浙江大学的临床医学系、药学系和护理系是错位发展的。浙江大学培养的是研究型人才，浙大医学系原来有七年制和八年制，现在也有了五年制；药学系也是四年制，它培养的主要是研究型药学人才。城市学院培养的主要是应用型人才。

　　传媒学院第一任执行系主任是李寿福老师。他原在浙江大学新闻系工作，2000年来城市学院。在第一届新闻系学生入校后，虽然当时只有他一个专业教师，但是他也不慌，很好地运用了浙大新闻系的教学计划和安排开展城市学院的教学工作，当时的教师也是完全利用浙大的资源。2005年，张梦新教授从浙大调到城市学院担任传媒分院的院长兼总支书记，他主要是执行完成应用型、复合型、创新型的人才培育工作。还有黄旦教授，是城市学院新闻系第一任兼职系主任。他原来是浙大新闻系的教授，后来去了复旦大学，在新闻专业也是名气很大的教授。

　　还有法学系，也是1999年设立的八个系之一。当时的兼职系主任是浙大光华法学院的孙笑侠教授。2002年，孙笑侠教授被评为"全国十佳青年法学家"，后来担任光华法学院的院长。城市学院成立法学院后孙老师继续兼任院长，后来他去了复旦大学。

　　学校发展靠教师，城市学院能有现今的发展，和这些初创时期的老师的贡献都是密不可分的，他们有的注重学风建设，有的重视实践应用，有的致力于创新创业，这些从浙大来的教师团队，不仅给城市学院带来了优质的师资，更是给城市学院带来了发展的精神力量。

"立交桥"实现城市学院优秀学子"浙大梦"

城市学院创办之初，浙大除了往城市学院输送非常优秀的师资和管理力量外，还专门设计了一条"高等教育立交桥"。每年，城市学院一、二年级品学兼优的学生可转入浙江大学本部学习，四年级品学兼优的学生可享受免试保送浙江大学研究生的资格。这个政策对报考城市学院的学生有很强的吸引力，每年招生时来咨询"立交桥"政策的考生特别多。这一政策也促进了城市学院和母体学校的相互交流，不只是浙大向城市学院输送优质教师和管理干部，城市学院也可向浙大输送优质学生。这一政策可以增强城市学院学生的学习动力，对校园文化建设也将产生良好的推动力。

"立交桥"政策是从 2000 年 9 月起开始试行的，受到了城市学院老师和学生的支持。当时推出了两种"立交桥"形式：一是推荐城市学院优秀学生转入浙江大学学习，二是推荐城市学院优秀毕业生免试攻读浙江大学硕士研究生。第一种"立交桥"的形式比较受学生关注，涉及面也比较广。每年从一、二年级学生中推荐部分品学兼优的学生，从二、三年级开始转入浙江大学相关（相近）专业继续学习，构建高等教育"立交桥"。第二种"立交桥"是城市学院每年从应届毕业生中推荐部分优秀学生，免试攻读浙江大学相关（相近）专业的硕士研究生。2003 年，城市学院第一批毕业生中就有 3 位毕业生通过"高教立交桥"获得免试攻读浙江大学研究生的资格。

实行了十几年的"立交桥"计划让城市学院许多优秀的一、二年级新生成功转入浙大本部就读。每年，城市学院都会为这些优秀学子举行欢送会，祝福他们到新的校园取得更好的成绩。其实，转入浙江大学，对城市学院学生来说是机遇，更是挑战。让人欣慰的是，很多学生到浙大后，能更加刻苦地学习，用成绩来证明来自城市学院的学生也一样优秀。我也听到浙大和城市学院一些老师提及，从城市学院转入浙大的学生高考分数与

2005年9月12日，学院欢送28名通过"立交桥"转入浙江大学本部学习的同学

浙大本部新生相差至少五六十分，但转入浙大后，学习成绩普遍在中等以上，有不少还名列前茅，其综合素质得到浙江大学本部师生的充分肯定。我还记得一些特别突出的优秀学生。像2004级药学专业学生黄红霞，2005年以优异的成绩通过"立交桥"进入浙大本部学习；2008年被保送到浙江大学药学院药物分析学专业直接攻博；毕业后又回母校城市学院任教。这个案例充分展示了城市学院与母体浙大之间的良性互动。

到了2003年，我们又开始试行浙江大学城市学院与浙江大学研究生院联合培养硕士研究生项目。城市学院首次与浙江大学联合招收培养了9名硕士研究生。这种联合招收培养的模式很受欢迎，第二年录取人数就翻番，达到18人。这些学生分别来自浙江大学、天津大学、武汉大学、南京航空航天大学、兰州大学、中国药科大学、郑州大学等全国著名高校，生源质量也大幅提高。

2003年12月，全国人大常委会副委员长路甬祥来浙江大学城市学院

2003年9月4日上午，浙江大学城市学院研究生部成立仪式暨首届研究生开学典礼隆重举行，首批9位硕士研究生参加典礼

2003年12月1日，第十届全国人大常委会副委员长、中国科学院院长路甬祥视察浙江大学城市学院，与在校学生亲切交谈

视察。当时，学院在浙江大学支持下设立"高教立交桥"制度，已有80余名学生转入浙大本部学习或考取重点大学研究生，路甬祥对此表示满意和赞赏。

办学理念阐述

传承求是创新精神　创造城市学院辉煌

　　"求是创新"源自浙江大学校训。"求是"，语出《汉书》"修学好古，实事求是"，意为博学求知，探索规律，追求真理；"创新"，即创造革新，意为勇于开拓，不断进取，追求卓越。

　　而"求是"校训的渊源可以追溯至浙大的前身求是书院。求是书院自创建之日起，就提倡"务求实学，存是去非"。并在师生中逐渐形成了"正其义不谋其利，明其道不计其功""以尽一己职责"的"求是"校风，这种校风一直延续到以后的浙江大学。

　　1938年11月19日，时任校长竺可桢在广西宜山主持召开校务会议，会上确定"求是"为浙江大学校训。竺校长在历次演讲中反复强调："求是精神"就是一种"排万难，冒百死以求真理"的精神，必须有严格的科学态度，"一是不盲从，不附和，只问是非，不计利害；二是不武断，不蛮横；三是专心一致，实事求是"；"求是精神首先是科学精神，但同时又是牺牲精神、奋斗精神、革命精神"。1988年5月5日，时任校长路甬祥主持校务会议，决定以"求是创新"为新时期浙江大学校训。这是浙江大学为适应迅猛发展的现代科技和社会需求做出的正确决策，是对求是精神的发扬光大。

　　2005年以来，城市学院开展了以"院训"征集为标志的校园文化建设大讨论活动。"求是创新"是浙江大学的优良办学传统和文化精神的体现，城市学院创建和发展中的成就无不是母体学校求是创新精神的体现，学院师

2009 年 10 月 17 日，中国工程院党组副书记、常务副院长潘云鹤和浙江大学党委副书记邹晓东为校训石揭牌

生员工对"求是创新"有非常高的认同。因此，院务会议在学院二届二次"双代会"意见的基础上，确定将"求是创新"作为城市学院院训。2007 年 5 月 15 日，浙大城市学院院长王立人主持 2007 年第 16 次院务会议决定，将"求是创新"确立为城市学院院训。

我认为"求是"校训中包括了三个层次：求是学风是治校育人的行为规范，求是精神是求学从业的精神支柱，求是创新是开拓前进的战斗号角。浙大"求是"校训告诉我们"如何做人"，"如何做一个老师"，"如何做一个学生"。

"求是"精神对一个学校的教师和学生的精神面貌有着重要的作用。这种精神首先表现在"浙大系"的领导、管理干部和教师团队上。这些来自浙大的办学团队给城市学院带来了严谨认真的工作作风、教风和学风。可以说这部分来自浙大系的力量是办好城市学院的关键。像城市学院的第一任院长鲁世杰，还有之后的几任院长王立人、吴健、韦巍，无一例外都是浙大教授，历任学院党委书记邹晓东、胡礼祥、叶民也都出自浙大，整个学院的领导团队是全浙大阵容，由他们带队，结合浙大的发展经验，一下就把城市学院的办学基础、办学目标、发展方向定得清晰明确且不失城市学院特色。创办期间，来自浙大的管理干部在筹备小组的领导下，艰苦奋斗，竭尽全力，用三个月的时间，克服重重困难，高效率高质量地办起了一所大学。这在高等教育发展史上也算得上是一个奇迹。

建校后，各系的建设也差不多都是由浙大的教师团队完成的。这部分教师，像石永刚、冯树椿、何莲珍等，他们本身在浙大就有非常丰富的教学经验，在各自的专业领域内又非常有建树。好几位兼职系主任都是院士，例如陈纯教授是中国工程院的院士，陈云敏是中国科学院院士，这些教授带来的教学质量的提升可以说是飞跃性的。集结浙大优质的教师，给城市学院带来教学质量的保证是一方面，更重要的是直接让城市学院连接上了浙大的学术资源，提升了办学层次，这才是名校办学的最大优势。

城市学院的硬件升级也离不开浙大。像实验室的建设，前期城市学院的学生是直接到浙大使用浙大实验室，到后来城市学院自己实验室的创办也是浙大教师做主力，像潘克宇、钱张耀、杜金潮等老师各方奔走，为了城市学院实验室建设出力。因此，浙大系的师资力量、学术资源、实验室资源对城市学院带来的影响是不言而喻的，这些浙大系的教师和浙大资源就是城市学院办学成功的必要条件。

城市学院自创建以来，继承浙大精神，依托浙大体系，还坚持引进国内外优秀大学的先进教育理念和教育教学管理模式，通过联合办学、联办课程、合作研究等多种方式，积极开展国际教育交流与合作，在国际化人才培养上形成了自己鲜明的特色。学院与澳大利亚南昆士兰大学、新西兰怀卡托大学、香港城市大学、新加坡义安理工学院等开展教育和文化交流活动，使学生开拓了国际视野，提高了国际交往能力。

正如全国人大常委会副委员长路甬祥题词所言："弘扬求是创新精神，探索特色办学道路，培养应用优秀人才，建设新型高等学府。"浙江大学城市学院将继续发挥名校优势，以灵活办学机制，延伸优质教育资源，实现跨越式发展，办出水平，办出特色，为杭州乃至全省全国培养输送更多的应用型创新人才。

亲历者访谈

城市学院创建初期的实验室建设和实践教育

浙大城市学院原现代教育中心主任潘克宇：实验室的初期建设回想起来挺不容易的，我们先从城市学院现代教育中心开始说起。1999年初创时期，我就从浙大转到城市学院，在城市学院负责建设现代教育中心。这个现代教育中心在当时几乎可以说和所有学校都不一样，因为一般的现代教育中心主要是支撑教育技术这一块，但是我们学校当时在多媒体教室，包括机房、网络中心都没有十分普及的年代，却不仅有这类专业技术的支撑，建设了公共机房、多媒体教室，后来中心还对学校的基础实验做了支撑，把物理，电工电子实验室都一并放进去了，这个真的很难得。不过这也不是一蹴而就的，刚开始建设的时候也是经历了很多的困难。因为建校匆忙，所以在临近开学的时候，才刚刚完成建机房的任务，根本没有时间建物理、电工电子实验室。我还记得建第一个机房的时候，正好是我生日那天，9月29号。10月4号学生就来报到了，但是9月29号那天，运送电脑的单位才从广州把电脑运送过来，本来预计是下午2点能到学校，结果通知说延迟到了4点才能到，可实际情况是到了晚上十一二点才运送到。那时学校食堂也还没有开张，舟山东路也是空荡荡一片，我们就饿着肚子等到了凌晨，后来又亲自把这些机器搬上楼，总算是在开学前，把机器调试成功。

第一年开学时，学校里仅有"4+4+1"，即建了4个语音教室，4个多媒体教室，还有一个容纳了100台电脑的机房。那么问题就来了，那些信电的、工科的学生实验该怎么解决？没有办法，只能和浙大商量，每逢需要做实验的时候，就派出大巴车，一车一车将学生载到浙大进行实验，完成后再接回来。好在建校第一年，学生基数小，这样借着浙大实验室做实验的方法还能应付。但是我们都知道，这并不是长久之计。就是在这样的情况下，2000 年，我们城市学院开始建设电工电子和物理实验室。物理实验室是杜金潮老师负责的，电工电子是钱张耀老师负责的，两个人在科技楼里分头组建这两个实验室。这样一来，现代教育中心就完成了教育技术和基础实验的支撑。但是这时候问题又出现了，因为后一年学校的招生情况非常好，学生数量变多，对实验室的需求也变了，不仅需要基础实验室，也需要专业实验室。而且因为人数多，不能再像之前那样一车一车载到浙大进行实验。所以，在学校二期建设中，专业实验室的建设被提上了日程。当时的专业实验室就设在教三和教六中。这段时期的实验室建设也是多亏了浙大协助。建设实验室得有负责的老师，建校初期，老师的招聘比招管理人员还要难。管理人员因为是四校合并的原因，总有些机动人员比较方便协调，但是老师招聘就成了棘手的问题。后来还是学校出面找了一些老师，也从浙大聘请了一部分老师。多亏了这些老师，他们在专业实验室建设方面，也是借用浙大的实验室方案，并请浙大的老师过来论证，陆陆续续将专业实验室搭建起来，解决了城市学院的燃眉之急。之后，物理实验室建设越来越好，2002 年就通过了浙江省的物理实验室的评估，这是很多一本二本院校都没有达到的成就。2009 年，专业实验室通过省内立项，拿到了浙江省 11 万元的建设拨款，2011 年通过了实验中心的合格评估，2013 年就申请到了浙江省的物理实验示范中心，这比合格评估高了一个层次。

　　建实验室的时候，浙大的陈守川教授给了很多的帮助。他当时算是浙大物理实验室这一块的权威，在华东的物理圈也有着很大的影响力。在他刚退休的第一年，就被城市学院请了过来。后期的实验室建设有了陈老师这个专家相助，如虎添翼。电工电子实验室的建设，就有很多他的思想体现和指导，他知道扩大实验室要增加哪些设备，结合自己的思想，指导做出了很多实验装置，这让其他学校都很诧异，没想到城市学院也能做出这么多仪器来。2002年，城市学院的物理实验室通过浙江省的物理实验室评估，也是因为有陈老师相助，因为陈老师在职时就是评估专家委员会的，所以对实验室评估各项指标都非常清楚，对怎样符合规范给出了很多意见，也是城市学院最后能取得这样优秀实验室建设成绩的重要因素。

城市学院的实验室建设，一路以来发展顺利，规模也逐渐扩大，但是归根结底离不开浙大的帮助，可以说没有浙大的支持，城市学院实验室的建设就不会如此快速高效。

浙大城市学院原医学院院长张爱珍： 2005年我来的时候，几乎没有医学院的用房，就是几间办公室。因为医学院教学设施需要，比如解剖得有解剖室，组织胚胎课、病理课等医学的基础课都需要教学用房，但在当时都没有。所以我们就跟学校领导提建议：你要办医学院，肯定要有教学用房。我记得是浙江大学湖滨校区刚搬迁到紫金港校区的时候，我们就联系浙大医学院，请医学院把解剖室里不要的尸体都送给城市学院，一些局解的教学用具，不要的、要处理的都给城市学院。后来就搬来了几具尸体，以及一些解剖教具，学生要实习用的设备等。我们从零开始，没有房子，就慢慢建，后来就有了解剖室，因为解剖对医学生而言是必不可少的东西。

后来我们又建成了浙江大学城市学院基础医学实验教学中心。这是个集临床医学、护理学、药学、生物技术等专业实验教学课程于一体的跨学科、多专业的实验教学中心。

从办学到现在，城市学院和浙大就一直保持着合作和互动。原来的浙

浙江大学城市学院基础医学实验教学中心

江医科大学就是一个非常好的学校，因为四校合并成为现在的浙江大学医学院，拥有六个附属医院。它给医学生在临床方面的实习资源是非常丰富的，这是其他院校得不到的资源。所以当时城市学院医学院那一届的班子决定，在临床医学的学生招来以后，到大三阶段，尽快安排他们住在华家池校区，安排学生到浙一、浙二、邵逸夫、妇产科和儿童医院这几个医院实习。我们学生的实习医院与浙江大学硕士博士的临床实习医院是一致的，基本上都是这些临床医生主带的，所以学习资源是比较好的。

城市学院的临床医学是五年制，前两年半主要是学习基础和专业基础课，后两年半是临床和临床见习实习。前两年半的专业基础课程，涉及解剖、病理等，都需要用到实验室。但是建校初期，城市学院还没有医学实验室，完全依靠浙江大学的医学系，需要做实验时，就到紫金港去。药学系也是一样，1999年办学的时候，药学系学生的实验，也都是在浙大的药学院进行的，教学老师也是来自浙大的兼职老师。

实际上，浙大医学院的临床医生就是临床专业的老师，这跟城市学院的模式基本相同。它在教学层面可能是博士教育、硕士教育、本科教育这样分层次，但是基本的医学基础都是一样的，临床的基础教育都是内、外、妇、儿这些大科。所以城市学院医学院的学生，就享受到了浙江大学医学院的优质师资资源，包括享受三甲医院的实习资源，教学质量也是非常好的。

2002年护理系的创办，也和浙大有着紧密的合作。包括整个医学院学生的实习和见习都由浙大安排，后两年半时间的实践，到现在还是依托浙江大学医学院的附属体系。

浙大城市学院药学系首届毕业生、医学院教师赵君波：我是1999年来城市学院的，是城市学院第一届学生。我们当时填高考志愿的时候其实志愿指导书里面是没有城市学院这个学校的，所以我们一开始并不知道有这个学校。很多同学都是在后来补填志愿时了解到的学校信息，并且被录取的。当然第一反应就是学校名字前有浙江大学四个字，应该不会差，于是就选了这个学校。我相信我们那一届的很多学生都是这样过来的。但是，开学报到第一天，亲眼看到学校的那一刻，很多同学还是被"惊"到了。100 亩的校园面积，一眼可见的所有建筑楼，而且当时科技楼还没有完工，地上堆满了建筑用的竹筏什么的，感觉像一个工地。所以第一印象是：哇，这个是大学吗？400 多名学生所有的课基本上都是在教一教二这两幢教学楼上的，后来科技楼建好了，英语的语音课和计算机的上机课是在科技楼上的，当时的图书馆也安排在科技楼一楼。因为学校规模小，管理上采取的也是扁平化的管理模式，学校中层领导同时兼任各系、专业班级的班主任，从上到下，从学生到老师，几乎人人都认识，整体氛围感觉还是挺好、挺融洽的。

当时医学院还只有我们药学系。一个系一个班 18 名同学，是当时城市学院最小的一个系，也是最小的一个班。当时的系主任是骆文莹老师，班主任是时任学院团委书记的郁全胜老师兼任的。专业课老师基本上是以浙大兼职老师为主，沈王兴老师、傅旭春老师是最早的一批专业课老师。

因为医学的专业特色，所以肯定是理论与实验、实践相结合的。例如，每年的暑期，分院都会统一帮我们联系实习单位进行实习，以巩固专业所学。有些课程，老师会带领我们实地考察，例如《植物学》，除了课堂上学习书本知识，老师会带领我们去西天目（浙大校外基地）住上几天，每天进行实地教学，辨识中草药和各类植物。还有其他一些需要动手操作的课，化学实验课，药理、毒理实验课等，学习起来都很有乐趣。当然，办学初期城市学院医学院的实验室建设刚起步，所以有些实验课甚至理论课都是到浙大湖滨校区去上的，为了确保安全，学校都统一安排车子接送。

小链接

实施科教互动战略 抢占科技创新制高点

伍蓓 张朗峰 陈劲 胡建雄

构筑优良的创新平台和创新团队是我国高校中长期科技发展规划中的重要战略议题，其中跨学科综合乃至聚集，是构筑创新平台的主要内容和目标。高校要充分发挥人才优势和多学科综合优势，围绕国家中长期科学和技术发展规划确定的战略任务，选择有限目标，组织优势力量，进行重点培育，从而能更多地承担国家重大、重点任务，取得一批重大科技成果，特别是自主创新成果，让一大批优秀的人才脱颖而出。

随着时代的发展，科学技术综合化、整体化趋势已经成为高等院校学科发展的内在需要。为了实现跨学科发展，国家在"211工程"中就提出学科交叉和学科群的概念，但在传统的小农意识和划"科"而治观念的影响下，尤其是在我国高校的管理制度和考核体系制约下，尚无法真正实现多学科融合，一些存在的问题也逐步暴露出来：

（1）以水济水，同而不和。现在的高等院校大多依单一学科而治，其优势是又快又省地实现了单一学科的创新、突破、跟踪和赶超，劣势是学科壁垒坚固，人员不能流动，知识不能融合，学科无法碰撞。在单一的学科里，部分研究人员各行其是。而且高校的一系列政策（比如职称政策、人事政策、工资政策、福利政策等）均支撑、强化和固化单一学科，将学科变成牢固的壁垒。随着时代的发展，这种条块分割、部门所有、专业设置过窄的办学模式弊端日趋严重，不利于培养复合型、创造性人才，不利于学科汇聚，不符合高等教育的发展方向和建设我国新型国家创新体系的内在需求。即使是采用行政手段推进联合，也仅仅是以水济水，同而不和，结果均是老体制复制。

（2）重复配置，严重浪费。许多科学研究必须依附实验手段，否则就是"纸上谈兵"。由于资金的制约，实验室不能购买所有实验所需的仪器。单学科的坚守阵地迫使临近学科的资源无法利用，有限的实验资金相当大的一部分用于重复配置，造成大量的资源浪费。比如甲实验室有质谱仪，乙实验室也购买一台质谱仪。即使实验室对外开放，也会出于利益关系带来歧视政策：本实验室的人员使用仪器收费低，其他人员使用则收费高，结果仪器的利用率如故，最后就形成了"通用仪器重复配置、专用仪器极不齐全"的局面。在整合国家、部门、地方相关研究实验资源的基础上，组建跨领域、高水平、共性的国家创新平台，可以打破封闭，营造开放、共享的研究实验环境，有效地杜绝资源浪费。在瑞士日内瓦的欧洲核子研究中心建立的世界唯一一个直径约27公里的正负电子对撞机平台，就以其开放性、先进性、共享性适应了世界科学家实验的需求。

（3）囿于传统，大器难成。单学科模式无法培养出有国际影响的、综合解决问题的大师，尤其是新生力量。新生力量大多思维活跃，追求与众不同的学术观点和前无古人的技术知识，但往往会受到单学科传统势力的压制。在单学科体制下，论资排辈现象严重，鲜有脱颖而出的机会。自古以来尊重长者的风俗和习惯可能会导致对科研的盲目崇拜，从而扼杀一些新的想法。对一些权威和现有的结论，很多科研人员不敢大胆地提出不同的意见，而是盲目地附和。如果没有来自新生力量的挑战，就不能为研究注入新的内涵，新生力量也无法成长为新一代的领军人物。

（4）安于现状，故步自封。在小学科的环境下，"小富即安"的观念严重，缺乏推进科技研究的动力和压力、多学科之间的碰撞、交流和启迪。当今世界科学前沿的重大突破，重大原创性科研成果的产生，大多是多学科交叉融合的结果。近百年获得诺贝尔自然科学奖的334项成果中，近半数项目是多学科交叉融合取得的。如诺贝尔生理与医学奖获得者 Crick 和 Watson 提出的具有划时代意义的"DNA 分子双螺旋结构模型"，实质上是物理学与医学结合的产物。只有突破原有学科分割的局限，引入竞争机制，以更开阔的视野进行跨学科研究，推进创新性研究，才能在健康的竞争环境下培育出大师级的专家学者，才能改变现在不可忽视的"星星很多，缺少月亮和太阳"的学术困境。

学科是支撑创新平台建设和发展的基础，创新平台是推动高水平学科建设的重要手段。创新平台集综合性、交叉性、集成性、开放性、共享性、经济性于一体，能够为不同学科、不同地域、不同年龄的研究者从事教学和科研提供一个共享的"舞台"。一批高水平的创新平台可以促进教育与科技、经济、社会发展的紧密结合，改变高校科研小而分散的研究模式，促进学科的交叉、融合与资源的共享，从根本上提高高等学校科技创新能力和国际竞争力，成为国家创新体系的重要组成部分。高水平大学的建设工作，要以学科建设为核心、科技创新平台为结合点，充分集成各方面资源，全面提升学校整体实力。因此，创新平台将成为高等院校进行创新研究、一流创新人才涌现的知识平台，是学科建设和科研发展的支撑体系。具体需要在以下方面推动改革：

（1）转变思想，更新观念，构筑综合型创新平台。学科必须在精细化的基础上走综合化的道路，才能产生新科学和新知识。近几年诺贝尔奖获得者均是从一个学科延伸到另外的学科而获此殊荣。比如，2004年诺贝尔物理学奖获得者盖里曼提出的"夸克粒子理论"就是跨学科合作的范例。被人称为"诺贝尔奖的摇篮"的英国卡文迪许实验室，正是在科研活动选择方向上凭借这一特点，产生过数次科学革命和25位诺贝尔奖获得者。国外有学者尖锐地指出："如果我们不能建立一套共同的解释、一套共同的传统和一套共同的语言，我们就要被毁灭。"这套共同的东西实质指的是大学科，即学科汇聚。印度洋海啸引发了全世界对海啸研究的高度重视，而海啸研究系统必然是一个综合板块运动学、板块冲击力学、流体力学、气象学等多种学科交叉体系。"逆水行舟，不进则退"，若我们的思想依然固守传统阵地，就是"缘木求鱼"，永不进取。因此，当前科学研究必须实现宽视野、多角度、多学科。

（2）辩证理解教研关系，推进产、学、研相结合。大力推动产学研联盟，科学辩证地理解教研关系，不宜把教研结合绝对化、低层次化。有水平的老师在进入平台工作一段时间后可继续从事教学工作；有志于教学的老师也可以选择长时间从事教学工作。比如微软公司推出的科研产品——Windows 操作系统改变了所有学校的计算机教学方式，这也是科研教学相结合的一种方式，而不是一味片面地强调微软研发人员必须授课才是科研教学相结合。如果不能科学地、辩证地理解科研教学相结合，就会出现"平台没人做，每个人又重新退回到单学科的领地去"的局面。没有重点，就没有政策。重点就是学科汇聚，建立平台，建立拳头学科，形成国家创新体系。只有坚持这个政策，国家才会在学术上有一席之地，才能立于民族之林。国外的华威大学、柏林工业大学、巴黎第十一大学等就是产学研结合的典范。地方政府可根据当地经济社会发展需要，与高校联合建设重点实验室，设立思想库，大型企业与高校合作建立研发中心，将原有零散的、小型的、短期的和项目式的合作转成系统的、有规模的、中长期的和机构性的合作。

（3）集中资源，惠而不费，加强平台资源管理。要集中人力、财力和物力建好平台，实行资源共享。重大设备应集中管理、集中使用，而不是分散到各个实验室。不解决长期困扰我国科技发展的科研设备条件分散重复、浪费问题，实现不了社会共享，科研基础条件落后的状况就难以改变，科研水平和创新能力就难以提高。从 2004 年发布《国家科技基础条件平台建设纲要（2003-2004 年）》《大型科学仪器设备管理条例》《科技计划数据共享管理办法》等规章中看出，只有建立平台资源共享机制，才能彻底改变以往"建设共享，运行分散"模式，避免出现项目分散、设备重复的现象。为了实现创新平台的共享、管理与运行，还必须培养一批技术高超、知识面宽、协作能力强、忠于职守的专职实验人员。总之，创新平台建设必须重视加强实验、设备维护、科技条件服务等人才队伍的建设，制定相关政策保障这些人才的工作和生活条件，稳定队伍。

（4）技术汇聚，提升能力，培育领军人物。推动学科汇聚，构筑创新平台的一个至关重要的问题是培育平台的领军人物。领军人物不是学科私有的，而是平台共有的，是平台研究团队的核心。领军人物要具备坚实的学科理论基础，宽广的知识面，超凡的研究能力；要有开阔的视野，善于把握和抓住学科前沿；要有"会当凌绝顶，一览众山小"的高度，有宽阔的胸怀和气度，善于团结和带领梯队的同志共同奋斗。没有领军人物，创新平台就没有灵魂，就会失去方向，最终走向失败。

（5）统筹安排，合理规划，创新项目管理。平台应成为承担国家项目的主力军。国家的重点研究任务应该牢牢地依附平台进行，彻底改变以往依靠人际关系获得项目的弊端。否则，就会出现没能力、没基础的科研单位"平地起高楼"，大肆购买设备、引进人才、建造实验室；而有能力有基础的科研单位则出现设备和人员闲置的局面。因此，创新平台应勇担重任，有效地解决重大理论和实践问题，带动和协调学科发展。而平台建设本身是一项创新性、长期性、复杂性和艰巨性都很强的工作，必须坚持"科学思想、科学布局、科学管理，科学团队"的思想，统一规划，通力合作。平台建设要统筹规划和布局，坚持管理先行，重视队伍建设，要以部门和地方为主组织实施。要按照统筹中央与地方、统筹创新与产业化发展需求、统筹物质信息保障与人才保障、统筹资源建设与资源共享、统筹国内资源与国际资源等方面的要求，以建立共享机制为核心，全面整合国家科技资源，真正做到"有所为，有所不为"。

（6）一动二改，体制更新，强化制度建设。为保证创新平台的建设和有效运行，高校必须以改革为动力，以创新求发展，特别是形成体制、机制上的创新思路。其核心问题是进一步改革人事管理体制，对进入平台的人员实行招聘合同制，制定相应的工资待遇政策。下决心改革本土化的人力管理模式，营造优秀人才踊跃进入平台的政策环境。要充分利用"985工程"的时机，逐步完善和健全高校的学校管理体制和运行机制。

（摘自《中国高等教育》2005年第7期）

第四章 杭州市人民政府对浙大城市学院的鼎力支持

　　要充分发挥高校这个集"消化功能""创新功能""辐射功能"于一体的平台的作用，加强政产学研合作，把政府、高校、企业与科研单位等多种资源充分利用起来，使得四者之间能形成良性循环。

——胡建雄

胡建雄口述

　　杭州作为历史文化名城，发达兴盛的教育也是其重要组成部分。追溯杭州历史，自古以来就是一座崇文重教的城市，向有"天下文枢""东南第一学"的美誉。杭州有着重视文化教育建设的传统，这一传统也延续至今。"学在杭州"就是近十几年来杭州的城市发展战略之一，不仅从人文教育层面上提升了杭州的城市文化内涵，更是在旅游、安居和创业层面为杭州的城市发展提供了坚实基础。

既是历史名城，也是教育重地

　　杭州作为一座历史名城，是一个多元文化的汇集地。随着宋室南迁，北方中原文化不断向南方渗入。明清以来，伊斯兰文化对杭州也有影响。北方中原文化、伊斯兰文化结合运河文化，共同形成了杭州的多元文化格局。在这样一个各种文化相互激荡影响的城市，其教育事业也非常发达兴盛。

　　说到杭州的文化教育底蕴，首先得从杭州的书院说起。杭州的书院自唐代开始，至清代达到极盛。鼎盛时期，杭州约有书院 31 所，其中敷文书院（今万松书院）、崇文书院、紫阳书院、诂经精舍四大书院最为著名，被称为杭州四大书院。

　　万松书院在杭州万松岭路上，三面环山，左江右湖，是个绝佳的读书场所。明弘治十一年（1498年），浙江右参政周木在原报恩寺故址改建书院，取名万松书院。清康熙十年（1671年），浙江巡抚范承谟重建并改称太和书院，康熙五十五年（1716年），又因康熙帝赐额"浙水敷文"而改称敷文书院。这个书院以齐备的祭田祭祀、学规章程和丰厚的藏书而闻名。有许多先贤大家，像明代王阳明、商辂等都曾来此讲学。

崇文书院始建于明万历二十七年（1599年）。它的建立与杭州的盐商有关。当时，杭州的盐商多来自山西、陕西和安徽。这些盐商发达后，往往举家迁居杭州。但是当时政府有规定，没有户籍的子弟不能进入杭州府学读书，也无法参加乡试。这些外地来的盐商子弟家中虽有钱财却因户籍问题与仕途无缘。当时的巡盐御史叶永盛向朝廷奏议，要求给盐商另置商籍，等同落户。这个奏议得到了批准，从此，盐商的子弟就能在杭州读书参加科举了。之后，叶永盛还借来别墅为盐商子弟办起了学堂。叶永盛任满离开杭州后，盐商们集资买下了这幢别墅，改称"紫阳崇文书院"。康熙皇帝南巡时曾亲临书院，并题写了"正学阐教"和"崇文"两块匾额。

紫阳书院在城南紫阳山脚，与几个书院相比，最得山林野趣。紫阳书院从1703年创建到1902年和崇文书院合并成为新式学堂，有199年的历史。紫阳书院由两浙都转盐运使高熊征及盐商汪鸣瑞等捐资建造，初名"紫阳别墅"。咸丰年间书院毁于兵灾，重建后改名为紫阳书院。清代书院里，很多地方都有紫阳书院，其中最有名的是苏州的紫阳书院，经学名家俞樾曾做过该书院的山长。杭州的紫阳书院则是由俞樾的挚友孙衣言掌印，孙衣言的儿子就是晚清著名的经学大师孙诒让。

诂经精舍是浙江学政阮元创建的。清乾隆六十年（1795年），阮元调任浙江学政，从此开始了他倡导实学的教育改革。嘉庆二年（1797年），阮元在杭州孤山南麓构建房舍50间，选拔两浙的通经学古之士来修《经籍诂》，嘉庆六年（1801年），阮元将原来修《经籍诂》的房舍辟为书院，取名"诂经精舍"。清代著名学者王昶、孙星衍曾被聘为主讲。教学方式以学生自学研讨为主、教师讲解指导为辅。阮元也亲自主持，选择学业突出、考课优秀学生的诗文佳作结集出版，编纂《诂经精舍文集》。此后，选刻学生佳作就成了书院的一个传统。阮元离开浙江后，精舍无人主持，又无经费，不得不停办。直到同治五年（1866 年），布政使蒋益澧捐资重建精舍，俞樾曾主持精舍讲席。光绪三十年（1904 年），精舍正式停办。

我们简单回溯一下杭州四大书院的历史，就可以深切感受到杭州真是人文荟萃之所在。作为历史名城、教育重地，杭州市有着重视文化建设、重视学校建设、重视人才培养的传统。中华人民共和国成立后，杭州市人民政府一直响应科教兴国战略的号召，历任市长从未放松对教育事业的投入和支持。

我认为，杭州市重视教育的传统，离不开开明的杭州市领导。就从浙大的办学历史来看，杭州历任市长都给予了大力的支持。我们都知道，浙大的前身"求是书院"就是当时的杭州知府林启创办的。1896 年，林启调任杭州知府。他崇尚西学，上报光绪皇帝，批办了求是书院，还亲任总办，负责聘任、招生等各项事宜，同时选派学生留学日本，为国家培养了大批优秀人才。到新中国成立初期，浙大迁回杭州，杭州市人民政府拿出最好的土地来建设新校区，也就是现在的玉泉校区。追溯到土改时期，玉泉边上青芝坞的 700 亩地就已划给浙江大学作为教学用地。1985 年，当时的市长钟伯熙批示，特将地块划归浙大。在得到钟伯熙市长的批示后，我连夜组织 20 余人，按区界线一晚上就修好了马路。

浙大城市学院作为杭州市人民政府与浙江大学联合创办的学校，自然在教学、科研和社会实践等各方面得到了杭州市人民政府的积极支持。仇保兴市长在任期间，对城市学院的创建十分重视。自从浙江大学城市学院成立后，每届杭州市人民政府都会有一位副市长来分管城市学院，专门参加城市学院的董事会，把城市学院的管理纳入日常议程。城市学院在政府的关注下迅猛发展。反过来，我也希望城市学院在办学过程中注重教学、科研和实践的紧密结合，培养高素质的应用型人才，助推杭州市社会经济文化发展。

现在我们公费招生了，城市学院跃升到新的台阶，和杭州市其他市属大学处于平等竞争的位置。这种变化既带给我们动力也有压力，动力是生源有了大的改善，培养人才质量有了大的提高，压力是和其他办学多年、历史悠久、人才济济的大学还有一定的差距。所以我们要以更严格的要求、更大的步伐和更优异的成绩，奋起直追。历史的发展往往是后来者居上，但还要看后来者是否有勇气和担当。城市学院还是要多坚持几年，看之后的成效。

市校合作，互促双赢共发展

杭州市人民政府为城市学院的发展提供了极大的帮助，那么我们希望城市学院也能做到反哺，为社会提供优秀人才，形成从社会到大学，再从大学到社会的良性循环。2018年，法学院的毕业生李佳吟获得了杭州市人民政府颁发的"最美杭州人"荣誉称号，也是继法学院2006届校友许航后第二位当选"最美杭州人"的城市学院校友。这就是一个很好的典型，说明城市学院为杭州市输送的人才是优秀的，得到了政府肯定，这就是学校对杭州、对社会最好的反哺。

我认为，在城市学院，最能体现市校合作的还是以项目形式出现的"会展中心""工业中心""国际健康科学中心"和"家族经济研究所"这四个产学研合作平台。我曾经在2013年9月到城市学院去调研会展中心的工作。城市学院的会展专业办得很有特色，他们对专业人才的培养是基于项目驱动和以赛促学。会展专业做得非常好，在国内也有影响力，但我还是提出了两点发展要求：第一是要让会展工程化，就是要让人工智能技术进入会展，包括人脸识别、信息化管理等；第二是让会展国际化，比如现在城市学院与新西兰合作的UW学院设有会展经济与管理专业，就是和我当时提出的设想不谋而合。事实证明，我在2013年提出的设想，也是现在会展业界的发展方向。

商学院的家族企业研究所与浙江的经济特色相契合。家族企业研究所

杭州市西博办表彰浙江大学城市学院 2008 年产学研合作与挂钩实习生

2004 年 5 月 15 日，国内高校首家"家族企业研究所"成立。香港思源基金会主席陈曾焘，传化集团有限公司董事长徐冠巨，浙江大学原常务副校长、浙江大学城市学院顾问胡建雄，浙江大学副校长倪明江为研究所揭牌

是 2004 年 5 月在浙大城市学院挂牌成立的。我当时参加了挂牌仪式。这个研究所是国内首家研究家族企业的研究所。香港思源基金会主席陈曾焘应邀担任研究所名誉所长，香港科技大学陈仰宗聘为研究所客座教授，浙江大学博士生导师陈凌教授聘为首任所长。

我们如今正处在中国第一代民营企业家向第二代交接传承的高峰期。尤其是浙江省，大多数民营企业是家族企业，像宗庆后的娃哈哈，鲁冠球的万向集团都是。还有很多这样的家族企业，都已经传到第二代了。浙江的家族企业在经营过程中不可避免地会遇到家族企业与现代管理、家族制度和家族企业继任、家族企业融资与公司治理结构、家族企业国际化等关系企业生存与发展的新问题。如何解决这些问题一直是摆在家族企业管理者面前的重大课题。所以，城市学院的家族经济研究所研究的课题对浙江省的家族企业发展是很有针对性的。

关于城市学院的这四个平台，我比较熟悉"工业中心"和"国际健康科学中心"。下面我就重点来讲讲这两个。

说到在城市学院建工业中心这种模式，还是受浙江大学—贺田模具工业技术研究所和香港理工大学的工业中心的启发。

1990 年，当时祖籍义乌的澳门贺田工业有限公司董事长贺田先生在回乡探访过程中流露出想寻求合作的愿望。贺田先生虽然少小离家，但对故乡还是很有感情，奔波半生后还乡，心里很想为家乡做点实事。那个时候，是由我和路甬祥校长负责与对方商议合作事项。贺田先生对浙江工业发展比较了解。当时，尽管黄岩、余姚等地号称"模具城"，但技术仍然十分落后。而浙大潜心精密模具的研制加工已有 20 余年，却缺乏配套资金。在这个基础上，1991 年，我们商定合作成立了浙江大学—贺田模具工业技术研究所。贺田实业注入资金 200 万港元用于引进先进的 CNC 加工设备和计算机工作站及软件，以及先进的管理手段和相应的人员培训机制。1992 年，我们在原有浙大机械厂的基础上组建了浙大—贺田模具工业有限公司，由我担任董事长，贺田工业有限公司董事、总经理贺一诚先生担任浙江大学客座教授和公司的副董事长；同时在澳门建立浙江大学—贺田模具工业技术研究所，为我们双方在科技与开发领域的全面合作铺平道路。另外值得一提的是，澳门回归后，贺一诚先生曾担任全国政协委员，澳门立法委主席，现正参加竞选澳门第五任特首（编者注：贺一诚现为澳门特别行政区第五任行政长官）。

这么多年来，我们的模具研究与生产水平不断提高，产品远销美国、瑞士等地，在上海、浙江、香港、江苏也占有潜力很大的市场。同时，澳门的贺田实业也因为浙大科技力量的支持而成为从事高科技产品开发的明星企业，对澳门的经济向高科技方向发展也起到了推动作用。

由于公司管理实行董事会制，当时我每年至少赴澳一次参加年度董事会，双方进一步制定优势互补、内外交流、集中开发的可行性政策，加强技术力量，增加研究内容，促进模具与整机产品开发的结合，开发面向21世纪的新产品。

我们与澳门贺田实业合作的成功离不开"上下游"配套的结合：产品的研究开发是"上游"，产品的生产是"下游"，一项产品只有形成"上下游"的有机联系，才能形成产品开发、生产、规划一条实链。浙大与贺田实业的合作体现在三个方面：市场信息与科技开发的结合，经营人才与科研人才的结合，资金与技术的结合。澳门拥有先进的商务技术信息，是面向欧亚市场的一条重要通道，拥有巨大的市场信息量。贺田实业在澳门发展已经有几十年，具有雄厚的资金和良好的信誉，是当地实业的"领头羊"，经营人才素质较高，在内部管理与市场开拓上有丰富经验。这些优势与浙大在技术与开发方面的优势相结合，强化了优势互补，最终实现了共同发展。东南亚金融危机时，我们之间的合作优势就显现了出来，由于产业结构单一，抗风险能力薄弱，许多澳门产业在危机中蒙受了巨大损失。但贺田实业依靠浙大的技术力量，提前实现了由传统加工制造业向高新科技产业的转变，不但化险为夷，而且获得了进一步发展。浙大和贺田实业的合作经验也由此在澳门产业界得到推广普及。

澳门的政府、学校与浙大的关系一直都很密切，双方经常组织交流访问活动。比如2004年浙江大学就与澳门大学签署了两校学术交流与合作协议书；还有2005年7月与澳门政府社会文化司签署"浙江大学与澳门特别行政区社会文化司关于合作实施'感悟中国'澳门师资训练营计划工作协议书"，推动澳门国情教育项目。同年11月，浙大文琴艺术团一行40余人赴澳门大学交流演出，这次的演出也十分成功。正是这些交流扩大了浙江大学在澳门的影响，增进了浙大学子与澳门学生的交流与友谊，推动了双方的合作。

有了浙大和澳门政府及企业的成功合作，我们意识到高校和企业的高度融合，可以实现双方优势互补，一方面，企业为高校引入了先进的技术、设备，让学生的学习、实践与产业精准对接，另一方面，学校为企业提供技术和人才，形成深度融合发展的人才培养机制，实现永续发展，达成共赢的局面。

另一个让我触动比较大的是香港理工大学的工业中心。在黄河清博士创建的工业中心里，除了研究，学生动手实践的机会特别多。我就觉得，照着这种模式，让城市学院也建立一个工业中心实验室，效果应该也会很好。因此，在参观完香港理工大学工业中心后，我们决定参照他们的模式也在城市学院建立一个工业中心。

香港理工大学工业中心不是一般的加工中心，它集研究、加工、设计于一体，并且和企业界有着广泛的联系，有许多创新型研究在这诞生。像我们国家第一个人造卫星机械手的关键部分和嫦娥四号照相机的镜头都是在这加工完成的，这是很厉害的事情。香港理工大学每年都接收几名城市学院的学生到那里去参加实践、参与设计。1984年，我去理工大工业中心参观，发现有三个十分明显的特点：第一，它不是作为一个加工基地，而是集研究、设计、加工、装配调试于一体的中心；第二，它里面的装备高、精、尖、综，不搞重复设备。我1984年去那里时，中心已经开始使用柔性制造系统，全世界都可以应用。工业中心还有特殊工艺，别的地方无法实现的，它都能做到。再一个就是这个工业中心和全球企业都有广泛联系。全世界好的工厂、好的设备都被有选择地放到工业中心来，而且是免费使用，一方面是考验设备性能，另一方面也为自家设备做了宣传。

后来，我建议城市学院学习它的模式，也建立一个工业中心。我记得当时是由时任副书记斯荣喜带队，管理实验室的潘克宇、工程学院的10多位老师去理工大学的工业中心参观考察。这之后，由工程学院的孙树礼老师主抓工业中心的建设。2006年，香港理工大学的黄河清博士专程来浙大城市学院参观考察了建设中的工业中心。他详细地介绍了香港理工大学工业基础中心的发展历程和创新之路。他提出，对香港理大工业中心城市学院可以借鉴和参考，但绝不能照搬照抄，必须在领悟精神和实质的基础上，根据不同的内部条件和外部需求，自主把握建设与发展。他十分赞赏城市学院工业中心教学培训、技术合作、科研开发三者并举、同步推进的建设思路，并建议依托杭州的氛围和优势，在工业中心发展创意和创新教育。

2006年12月21日，我和当时的市长孙忠焕、副市长项勤等人一起参加了学院工业中心的成立仪式。这是杭州市重点支持的项目，我们都对此寄予了很高的期望。创建工业中心可以说是城市学院加强工科应用型人才培养，主动服务杭州工业发展的一项重要举措。2007年1月，我又来工业中心考察。我认为，工业中心未来的发展目标就是要以先进制造技术为核心，创建成为"一个基地、三个中心"，即：应用型创新人才培养基地，新技术与新产品示范中心、产业人员培训中心、学生实践与创新中心。在建设过程中一定要解放思想，开拓思路，使工业中心不仅要服务全学院，更要服务全杭州。

目前看来，城市学院的工业中心主要还是给学生实践与创新的中心，在设备上和香港理工大学的工业中心差得比较远，还不能发挥像香港工业中心一样的作用。但这属于投资问题，要想办好还要花大量的资金和精力，毕竟城市学院还"年轻"，比不上别人也很正常。

"国际健康科学中心"也是一个充分体现政府和学校之间紧密合作的

2006 年 12 月 21 日，杭州市市长孙忠焕，浙江大学原常务副校长、浙江大学城市学院顾问胡建雄，浙江大学常务副校长倪明江为浙江大学城市学院工业中心剪彩

2018 年 11 月 16 日，在杭州市副市长陈红英的见证下，浙江大学城市学院、浙江大学医学院附属邵逸夫医院、美国罗马琳达大学健康系统签约共建国际健康科学中心

项目。2018年11月，城市学院的院长韦巍与美国罗马琳达大学校长理查德·哈特（Richard Hart）、浙江大学医学院附属邵逸夫医院院长蔡秀军共同签署合作备忘录，三方联合在杭州建立国际健康科学中心并构筑长期稳定的战略合作关系。

杭州的邵逸夫医院是浙江大学医学院的附属医院，它的建立离不开香港知名实业家邵逸夫先生的捐资，也离不开浙江省人民政府的配套建设。杭州的邵逸夫医院是集医疗、教学和科研为一体的公立综合性三级甲等医院，也是国内首家通过国际医院评审的公立医院。城市学院护理专业的同学都在这里实习过。这是浙大的资源，同时也为城市学院医学院学生的发展提供帮助。

以前浙江省内的医院很少，只有浙一、浙二、人民医院几家。面对这样的情况，当时的省长沈祖伦认为浙江亟须建立新的医院。浙大和邵逸夫有合作，所以在讨论之后决定找邵先生谈捐款。邵逸夫方也认为不需要再捐图书馆和体育馆，建立医院是最为合适的选择。两方一拍即合，说定由邵逸夫方出资1亿港币，省人民政府出资1亿元人民币并提供配套的支持，共同建立邵逸夫医院。之后由当时的浙江医科大学校长郑树去签署协议，省里面组织施工建设。邵先生的夫人方逸华也曾多次来到杭州市关注实施进度，并向我们转达了邵氏基金会的意见。他们提出，建医院可以，但要找著名的医学院校支持。医院人员的培养、医疗的程序都要参照国外的模式。当时罗马琳达大学是邵氏基金会的董事，香港方提议寻求罗马琳达大学的帮助，因此就商定由罗马琳达大学和邵逸夫方组成联合管理委员会来管理邵逸夫医院。当时罗马琳达大学特别派来了很多外籍医护人员来杭提供经验，他们也很乐意来帮助我们，但是提出医务人员和护理人员都要到美国接受培训。于是，医院的骨干人员都到美国接受了培训。他们则派专家来杭州待了三年，帮助我们建立起新的医护模式。政府还从浙一、浙二等医院抽调人员加强邵逸夫医院的医护力量，其中还包括已经退休的医生、护士。邵逸夫医院规定必须按照现代国际医院的标准来管理，而不是按老经验的做法。这个机制一直运作有效。现在城市学院与邵逸夫医院的合作也越来越紧密，我认为这是国际合作中很正确的一步。

杭州的护理系统能保留下来很不容易。以前杭州的护理系不多，很多学校都没有相关专业，只有浙江医学高等专科学校（杭州医学院前身）有一个护理系，直到后来杭州师范大学办了护理系。所以说城市学院的护理系在护理专业萧条时保留了浙江省非常完整的护理系统，这点是很不容易的。杭州市现有护理专业人员远远满足不了杭州市医疗机构的需求，与社会需求以及人们日益增长的卫生保健、健康维护的需求存在很大差距。为此，城市学院的护理专业更需要加强与浙江大学医学院的强强合作，扩大招生规模，提高生源质量，培植优势学科，加强专业建设力度，以期培养出符合市场需求的护理人才，满足杭州市医药卫生市场的需要。

但从现在看来，城市学院的护理专业转型还不够。虽然在传统的护理上做得很好，但在精准护理、理疗结合等方面还要继续努力。现在城市学院和邵逸夫医院合作，按照罗马琳达大学的护理标准来培养人才，这是走得很好的一步。将来护理系学生的培养、教学要求就是按国际标准化来管理，这是在原来的基础上发挥新的作用，达到新的水平。

办学理念阐述

政产学研合作，立足杭州，服务浙江

进入 21 世纪，我们迎来了高速发展的知识经济时代，高等教育在社会经济中的作用越来越明显。作为应用型大学，城市学院自创办起就紧跟杭州市的发展步伐，把为杭州市服务作为办学宗旨，贯彻落实"学在杭州、创业在杭州"战略，努力培养高素质应用型创新人才。

现在，全世界都呈现融合发展态势，我们社会中产生的问题也越来复杂。许多问题不再是单一学科部门能够解决的，像一些综合性课题的研究往往需要多个学科领域的专家协同作战才能收到预期的效果。现在大家都在讲平台论，学校就是解决这个问题的理想平台。

首先，这个平台要有强烈的"消化功能"。我们的学校应当是包容的、海纳百川的。各个学科、各项技术、各种研究、各种思想都能被高校吸纳融合；其次它有前所未有的"创新功能"，各类思想在这里汇聚、融合、杂交，优势互补后创造出新的东西。我们强调学科汇聚，多学科汇聚后会产生新东西，就像城市学院的会展中心就是很好的学科汇聚的产物。会展作为一个新兴的专业，很难用单一理论解释实际问题，且办会期间，需要各个专业的学生在同一个目标下，协调解决各种各样的问题。在这个实际操作过程中，各学科互相借鉴、影响、融合，并有所创新。学生在这样的平台中实践、创造、发展，得到迅速成长。所以，一定要加强各学科之间的交流融合，打破学科之间的教学壁垒，百家争鸣，在冲突中激荡出新的思维火花。学生们在见识了不同的学术观点和研究方式后，自然会取长补短，从而酝酿出新的思想、更好地解决问题的方法。最后，这个平台还有持续的"辐射功能"，把优秀的思想，优秀的研究、优秀的人才向社会辐射，为杭州市、浙江省服务。所以现在我们不能关门办学，思想不能单一，必须综合，创新不能止步，必须把高校这一平台上的科学研究拿到社会去，经过社会实践、社会反馈，再得到新的理念。

要充分发挥高校这个集"消化功能""创新功能""辐射功能"于一体的平台的作用，加强政产学研合作，把政府、高校、企业与科研单位等多种资源充分利用起来，使得四者之间能形成良性循环。

政府在产学研合作中起着牵头引领的作用。像城市学院自创建之初就得到了杭州市人民政府的积极支持，杭州市人民政府牵头搭建了 27 个委、局参与的城市学院产学研合作平台，并出台相关政策保证产学研合作的开展。产学研合作委员会为城市学院提供教学实习和实践基地；大型展会活动优先聘用城市学院学生。市人事局还牵头联合市属机构举办过针对城市学院学生的招聘会和实习洽谈会，召集省内外和杭州市用人单位在校园开展现场定向招聘活动，向毕业生提供"适销对路"的岗位。在这个过程中有过很多成功的产学研合作项目，像与西博办合作的挂钩实习，杭州市工商局促成的与杭州传化集团、富通集团、坤和建设集团等多家民企的合作。又比如杭州市人民政府积极促成城市学院和邵逸夫医院的合作，共建"国际健康科学中心"。护理专业的学生由此得到更好的学习、实践机会，他们所掌握的知识技能是能与国际接轨的。这些人才毕业后进入各家医院，为杭州市医院提供了高素质的新鲜血液。

政产学研合作不仅有利于学院的创新实践教育和应用型人才培养，也有利于汇聚高校科研力量，合力研究、解决杭州市经济发展中的重点、难点问题。高校人才培养的最终目的是为社会更快更好发展提供动力。城市学院建院之初就提出"立足杭州，服务浙江"的办学宗旨，为地方经济建设和社会进步服务。在未来的发展过程中，城市学院要紧跟杭州市的发展步伐，进入杭州市经济建设的主战场，做到深层融入杭州市的发展战略，主动接受杭州市的总体部署，全心营造与杭州市各部门的互动关系，建构能发挥特长的社会服务体系，准确体现服务价值。

在政产学研合作过程中，我们要凝练办学特色，积聚办学资源，打造办学品牌，把城市学院建设成为"杭州市的应用型人才培养基地""城市发展研究基地""社会服务与继续教育基地"。

亲历者访谈

杭州市人民政府等积极给予经费支持和产学研平台建设

浙大城市学院常务副院长斯荣喜：城市学院作为一所按新机制运行的新型高校，办学经费来自多种途径。学院创办初期，以股份制方式筹集股本金3亿元，杭州市人民政府、浙江大学、浙江省邮电管理局（后来改制为浙江省电信实业集团）三方首批到位1.7亿元，其中杭州市人民政府6000万元，浙江大学无形资产6000万元，浙江省邮电管理局5000万元。剩下的1.3亿元经由杭州市人民政府负责募集，后来陆续到位。

除了股本金和学费外，杭州市人民政府对学院给予财政补助，这是学院办学经费的重要来源。第一笔补助是2000年由于学院招生出色，市政府给予奖励100万元，此后一直延续，并逐步增加到每年300万元。此后又设立了产学研专项、学科建设专项，资助额逐步增加到1500万元、3000万元、3300万元、4150万元。还有学生公寓专项补助5265万元。2010年，市政府又给予城院7.8亿元财政借款。从2013年开始，杭州市人民政府专门对城院进行一本招生补助。2013年土木工程专业纳入一本招生，学生缴纳学费4400元/年，市财政给予每生每年补助17600元。在这之后，又有四个专业陆续被划入浙江省第一批次招生，2014年增加了资产评估专业，2015年增加了计算机专业，2017年增加了医学和金融学。特别是2018年省委省政府实施高等教育强省战略，省委常委会决定将城院转设为杭州市人民政府举办以来，市人民政府从2018级学生开始给予生均拨款并进一步增加学科建设专项额度，2019年财政拨款补助额度增长到约1.5亿元，极大提升了学院办学质量，生源质量跃升至省内高校第13位，超过个别省重点建设高校，根据软科排名城院就业质量达到全国本科高校第60名。建院初市人民政府还专门为城院设立了由市人民政府相关部门参加的产学研合作委员会，支持培养高素质应用型人才。另外市人民政府为支持学院教师队伍建设，先后给予城院在大塘新村、三塘小区、城市心境、丁桥小区、青园小区的经济适用房或人才专项用房。

浙江省人民政府从2018年开始给予城院财政专项补助，浙江教育厅给予城院在翰墨香林和祥符桥人才专项用房。

浙江大学和浙江电信实业集团均发挥各自优势大力支持学院发展。

浙大城市学院原科研部部长王忠法：我是1999年来城市学院的。我原来在浙大科研处，到城市学院仍然承担这一块工作。那年城市学院才刚起步，招了432个学生，首先面临的是教学任务，城市学院的科研可以说是一片空白。1999年年底，我们通过多次探讨，为浙江大学城市学院产学研的发展进行了定位。浙江大学城市学院提出要培养应用型的人才，要实现从精英教学走向大众化的教育目标。当时，胡建雄顾问就提出，我们这种培养应用型人才的学校就是要走产学研合作的道路。

我当时就在想，城市学院的产学研要怎么结合？从城市学院当时的实际出发，我们的重点肯定是先产学结合，然后再延伸到科学研究。因为一开始城市学院的科研还没有起步，面临的主要问题是学生的社会实践教育怎么与产业结合。这个时候，城市学院才成立不久，资源少，社会知名度低，很多企业都不知道城市学院。城市学院要自己去联系社会资源是有难度的。所以，我们就想到依靠政府力量来支持实践教育这一块工作。我们既然是名城名校合作办学，很自然就想到了是否能成立一个与政府合作的产学研合作委员会。当时我的设想是比较简单的。就是请杭州市人民政府中几个与城市学院专业有对应关系的委、局，他们的主任也好，处长也好，帮助联系适合实践教学的企业。后来去市政府谈的时候，其中一个办公室主任思路很开阔，他认为既然要做，就要搭一个大平台，让各个委、局都进来。后来就正式成立了杭州市浙江大学产学研合作委员会。

各个委、局都很重视这个平台，每个委、局都有一个副职领导来主管和城市学院的合作。首先与我们合作的就是西博办（现杭州市会展办），突破口就是从这里打开的。西博办后来成为我们城市学院的合作示范基地。当时我们和西博办采取的是挂钩实习，又叫顶岗实习。就是城市学院和西博办（挂钩单位）签订合作协议，共同制定实习生的选拔、指导、管理和评估的制度和办法。学生挂钩实习6到18个月，分散和集中相结合。学生的日常管理和业务指导均由挂钩单位负责，同时，学院派出挂职老师共同参与管理，对学生实行双导师制。在实习期间，学生必须完成规定的研究工作。实习结束后，除对表现优秀的学生给予表彰、颁发证书外，实习单位还给学生出具就业推介信，接收优秀学生就业或向相关单位推荐就业。这种实习方式深受学生欢迎，报名踊跃。另外，外经贸局、工商管理局也和我们积极合作。时任外经贸局局长王忠德还亲自给经济系的学生上课，讲解外经贸方面的政策、知识等，并带学生到下沙的各个外资企业去参观。工商管理局有一位副局长，是原杭大财经系毕业的。他也十分重视与城市学院的合作，城市学院初创那几年，每年会选拔一批学生去帮助企业编年鉴，主要是工商管理系和计算机的学生。

在建校最初的几年里，学生的社会实践教育除了依托政府，我们自己也在想办法。我们曾和下沙经济技术开发区的管委会联系，希望能在下沙经济技术开发区的企业中找到实习岗位。记得是 2002 年，我和管理系的石瑛老师、药学系的骆文莹老师到下沙，一家企业一家企业地联系。当时有一家外资公司——雅培眼力健制药公司，主要生产隐形眼镜护理液。公司一听我们介绍，非常愿意接收我们的学生完成中期实习。后来谈成了接收药学和计算机的学生，那一年公司给了我们 4 个名额。但那个时候，我们一届就有几百个学生要实习，光药学一个专业就需要找好几家公司。后来，还是骆文莹老师利用了自己的资源，她原来是浙医大的，有很多熟悉的医药公司。她联系了很多家医药公司来城市学院开会，请眼力健公司的一个老总来介绍经验。其他公司说"既然眼力健能接收城市学院学生实习，那我们也来试试"。就这样一家家做工作，慢慢打开了实践教育的口子。

我们的产学研合作因为有体制的保障，发展很快。办学五年后，就已经先后组建了产学研工作网络以及近百个教学实习基地和产学研合作基地。所建基地都与学院所设学科和专业相关，为学生的社会实践、教学实习、顶岗实习和未来就业拓展了广阔的社会渠道，也为教师和科研人员开展科学研究及社会服务提供了良好的社会环境。这些基地在教学科研上发挥了很大的作用，促进了学院与社会的结合。

浙大城市学院会展中心常务副主任郁全胜：在城市学院创建之初，当时的院长鲁世杰、党委书记邹晓东等领导就大力推动学院与西博办的战略合作。当时杭州市具体主管西博办这块工作的是主任冯俊和副主任王平，他们到城市学院跟学院领导做了多轮商议以后，两方达成约定：在一个大的框架合作协议基础上，每年年初制定年度的工作计划，明确具体做哪几件事情。从学校的角度看，最核心的是两点：派出实习生、推动学生就业。从西博办的角度出发，核心是围绕每年的西博会的重要项目，做一些人员的储备，特别是核心人员的储备。西博办每年会选拔一些实习生，从6月份开始一直到11月中旬，给学生历时半年的实习。这不是简单的志愿者行为。西博办领导每年会到城市学院来，对每年度有突出贡献的老师和学生进行表彰。从2002年一直延续到2007年，城市学院每年都会派出一位干部（或教师）到西博办挂职。这段时间的工作主要是由学院合作发展部牵头抓的。2007年，城市学院传媒分院设置了会展专业，并成立了会展中心。因为想再进一步深化市校合作的模式，所以在2007年的产学工作对接会议上，在当时城市学院分管市领导张建庭副市长的支持下，双方正式成立了一个常态化运行的办事机构，也就是工作到现在的杭州城市未来研究发展中心。这是在杭州市乃至全国都少有的，以一个常设机构推进会展人才培养，并且打造专业应用型的智库建设。同时，我们约定除西博会之外，杭州重大的会展项目优先考虑由城市学院组成专项工作团队参与核心工作。为了支持城市学院会展专业的人才培养，会展办会扶持一到两个项目，以下拨专项经费的形式来推动项目建设，同时在项目执行过程当中，用实战的任务场景来推动人才培养。

我们由此重点孵化了三个会展项目：第一个是"杭州城市会展发展大会"，每年由会展办出资，站在全国的视角、学界的视角，来研讨推进城市会展的发展，并且在国内率先提出了城市会展的核心理念：用会展来带动城市品牌建设，带动城市GDP的提升，这是一个全域化的会展视角。会展发展大会从2008年开始，已经举办了10届。中间停止过一年，不过第二年就又得以恢复。第二个孵化的项目是"中国杭州大学生创意生活节"。这个项目头三届是由会展办来支持，从第四届开始，由杭州文博会接手，对这个项目作进一步提升。到现在也办了7届。第三个是创办了《杭州会展》，以办刊为载体，从学校的特殊视角出发，从2007年开始坚持了10年，共办了56期，现在由《杭州日报》接手。杭州市人民政府基本上每年都会向这三个项目提供相关经费。我当时对会展中心提出的要求是：一定要打造高水准的、师生混合型的团队，这叫作铁打的营盘流水的兵。既要做好项目，又要把学生的实践教学这块带好，要让更多的学生参与到实践当中来，为此，我们还专门设置了项目制和岗位制。

按我的理解来说，搞会展，重在策划。学生从头开始做，从破题开始策划，一直到执行，甚至还要开总结会，事后还要再对这个项目做评估。老师在工作中跟学生打成一片，形成一个真正的专业团队。这种模式对于培养人才或者是形成学校和社会的无缝对接有着很大的帮助。

比如上海世博会期间，我带领经过层层选拔的7名同学，组成工作营运的核心班子，运用他们的专业知识和技能，在世博会的舞台上崭露头角。这就是会展中心所坚持的要在工作压力很大、非常重要的活动场合中锤炼学生、培养应用型人才的指导思想。让学生们在实战中真真正正地接触社会，有所思考，有所创新，这种收获是最难能可贵的。一定要站到这个行业的最前端，一定要跑到这个社会的最热点去打磨一些高水准的创新策划项目。

还有杭州举办B20峰会的时候，会展中心受杭州市贸促会的委托，由我和陈丹老师带队，带领20名学生从5月份开始进入筹备状态，一直到9月份，团队全程营运。办会期间，学生们负责会场内部工作，要求高、压力大。但正是在这种高强度的压力下，这些学生得到快速的锻炼和成长，也代表城市学院为B20、G20的成功举办做出了积极贡献。这7名同学来自5个专业、3个分院，他们代表了全学院力量的整合。

除此之外，每年的文博会、西博会项目，还有5年一次的世界休闲博览会，我们城市学院的会展中心几乎没有缺席过，而且都是作为核心力量参与其中。

小链接

做浙江"智慧引擎"领头羊

胡建雄

浙江大学 120 年的发展历程，是一个艰苦而蓬勃向上的创业过程。

新中国成立后，浙大立足国家需要，在艰苦条件下完成了许多重要的科研成果，为国民经济和国防军工事业的发展作出了巨大贡献。从 20 世纪 60 年代开始，近 40 年的时间里，我在多个岗位上参与浙大科研管理工作，和科研人员共同奋斗，见证了全校师生员工创造的辉煌成就。

我国第一台双水内冷汽轮发电机、第一台高速摄影机、用浙大教授提出的"沙井"法建成的慈溪杜湖水库、炼制球墨铸铁的冲天炉……浙大能有今天的科研学术地位，与 20 世纪五六十年代取得的这些科研成果是密不可分的。比如，浙大研制的高速摄影机在我国核试验中发挥重要作用后，国家就决定在浙大建立一个光机电结合的中试基地，拨款 90 万元，这在当时是不得了的大数目。

可见，有了这些科研成果打基础、做后盾，浙大才能在国家重大科研工作中占有一席之地。

到 20 世纪 80 年代，我们建议教育部在大学建设科研基地，第一批有四个国家重点实验室、三个国家专业实验室落户浙大，大大加强了学科的基础研究，为优势学科腾飞望远积聚了能量。

推动生产力发展、引领人类文明进步——我认为这是一流大学的重要功能。因此，建设世界一流大学不光只是抓规模、抓土地、抓房子，重要的是要抓牢科研创新这个基础。科研创新要为国家、为社会、为地方服务，特别是为国家重大需求作贡献。在这方面，浙大有优良的传统。

电机系郑光华、汪栖生等教授在 1958 年研发的双水内冷汽轮发电机，属世界首创，在新中国电力工业发展中发挥了十分关键的作用，为国家自制大型发电机铺平了道路。我国自制发电机的单机容量和发电机总装机容量由此迅速增长。半导体专家阙端麟院士在20世纪六七十年代发明了生产高纯硅的方法，才有了今天光伏产业的遍地开花。化工专家侯虞钧院士在20世纪50年代与国外科学家共同提出"马丁－侯"方程，为石油企业解决了生产中遇到的问题。这样的老一辈科学家在浙大还有很多，他们为我们树立了榜样：不求名、不求利，于科研创新孜孜不倦，一心为国家作贡献。在路甬祥院士任浙大校长期间，学校明确基础研究、应用研究、开发研究到生产要一条龙，科学研究最终目标是为推动社会发展服务、为国家战略服务。一级学科办教学，二级学科建立研究基地，发挥学科优势，这样创新才有源头活水，这一思路延续至今。上中下游一条龙转化为生产力，这点浙大是有优势的。长期以来，浙大与地方企业横向合作，大大小小的应用项目很多，企业成为学校科研经费的重要来源，而科研人员则帮助企业攻克技术难题，实现科技成果转化。

20世纪80年代我们有一句口号："科研要吃百家饭。"说就是这个意思。而浙江是浙大立足之地，是"百家饭"里主要的"饭碗"。浙大要继续做浙江"智慧引擎"的领头羊和主力军。

（《浙江日报》2017年5月19日）

大学要走到社会的中心

胡建雄

世纪之交，人类跨入了科技大发展、知识经济大崛起、国际人才大竞争的全球化时代。科技和教育日益成为民族振兴、国家强盛的两大支柱。形势要求高等学校走到社会的中心，发挥人才库、知识库、高新技术辐射源的重要作用，而要达到这样的目标，高校就必须深化自身的改革。

当代科学技术的发展有两种形势；一是突破，二是融合。

突破是新一代的成果代替前一代的成果；融合是组合已有的成果，综合发展成新技术。适应这种趋势，必须进行学科结构性的调整，按对学科进行培育，加强投建、转移的方针组建新的学科和新知识的生长点，创新知识、创新技术。高等学校的学生，尤其是博士生，他们既是创新知识的参与者，又是创新知识的传播者，年深月久，学子万千，塑造了一代创新知识的灵魂。

科技创新的实现有赖于基础研究的突破。日本明治维新之后，侧重发展基础理论和制造廉价产品。由皇家、政府、民间三方面筹措资金予以支持。日本后来科技上的成功、工业上的发展是与早期基础研究有极大关系的。第二次世界大战日本投降后，麦克阿瑟反对日本进行基础研究，把从事基础研究的理化所关闭，把回旋加速器沉入海底。到 1985 年日本才重开基础研究，并得到迅猛发展。其在科研上的投入的结构比例为：基础研究大体占科技投入的 15%，应用研究占 25%，开发研究占 60%。而与之相比，我国对基础研究，尤其是高校的基础研究的投入，完全不可同日而语。1995 年，中国研究与开发总投入占 GDP 比例仅为 0.5%，其中用于基础研究的比例仅为 6.1%。1996 年，中国从事科技研究与发展的总人数和从事企业研究发展的总人数均列世界前 4 名，而中国科学研究和专利指标的国际竞争力却分别处于第 32 位和第 21 位。国家应该加强对基础研究的投入力度。

20 世纪 90 年代以来，世界经济向知识经济转移，高等院校在知识经济中将起到知识的生产、传播和转移等关键作用，为此，高校要形成知识创新、传递、转移的良好机制，要源于社会，高于社会，指导社会。为此要形成两个一条龙：学校基础研究定向化、应用研究基地化、开发研究社会化、产业化、工程化，上中下游一条龙，推动社会经济发展。学校实现优质生源的配制，培养优秀的大学生、善于综合创新的硕士生、勇于创造的博士生，形成一条龙培养创新型人才的体系。学校的研究成果、创新知识要实现两个转移，一是向生产转移，一是向教学转移，使知识能不断更新，学生能站在巨人的肩膀上创造知识。

21 世纪知识经济崛起，在理论和思维上有着革命性的进展，对人们的科学世界观和方法论产生了重大的影响。知识并不完全单纯是科学技术，科学是其主要部分·，另外还有两个重要部分：一个是管理科学，另一个是人文科学。人文科学为创新创造良好的政策、环境、文化氛围，营造一种发挥大家创造性的环境。以前的技术是以总结经验为主的技术。今天我们所说的技术，尤其是高新技术是基于科学的技术。当代科学思维的特点是：从绝对走向相对；从单义性走向多义性；从精确走向模糊；从因果性走向偶然性；从确定走向不确定；从可逆性走向不可逆性；从分析方法走向系统方法；从定域论走向定场论；从时空分离走向时空统一。这不仅使人类对客观过程认识更深刻、更全面，而且把人们的认知水平提高到一个崭新的阶段。这就要求自然科学和人文社会科学相结合，培养人们的创造思维，营造鼓励人们勇于创造的人文环境。自然科学和人文科学的结合，将会结出前所未有的硕果。

（《人民日报》1998 年 6 月 18 日）

家族企业研究所简介

从 2005 年至今，经过 14 年的发展，浙大城市学院家族企业研究所已经成为国内重要的家族企业专业研究机构。现有师资 15 人，其中教授 3 人，副教授 6 人，讲师 6 人，70% 拥有博士学位。研究所聘请全国工商联副主席徐冠巨、浙江大学管理学院企业家学院院长陈凌教授担任兼职教授。在科学研究方面，主持国家级研究项目 3 项，省部级项目 6 项，地厅级项目 6 项。培养博士研究生 4 人，硕士研究生 11 人（其中 MBA7 人）。科学研究辐射两个教学项目，一是在工商管理本科专业开设创业与家族企业方向，二是在创业学院支持创业人才孵化班的开班、授课、案例大赛、游学和国际合作。家族企业研究生教师在国家级一级期刊发表论文 13 篇（其中权威期刊 6 篇），CSSCI 核心期刊论文 15 篇，SSCI 检索英文论文 4 篇。家族企业研究所还主办了 14 届创业与家族企业国际研讨会，已经成为国内该领域最重要的学术交流平台，也是国际家族企业研究的合作平台，目前很多创业家族、金融企业、商业银行、财富管理公司已经将学术研讨会作为招募新员工、寻找智力支持合作伙伴的重要机会。

家族企业研究所的未来研究与社会服务方向包括：（1）更大范围的中国民营经济研究，获得中国上市企业、中小型未上市企业的家族目标、家族战略和企业行为的数据，进行案例研究、大规模样本的统计研究；（2）开展国际比较研究，与国外伙伴合作找到中国文化和社会转型情境下家族企业的特异性行为，努力在国际知名期刊上发表文章；（3）正在打造的"传承+"项目，利用大学的科研和教育能力，服务校友、浙江乃至全国的民营企业，通过培训和咨询，为每个家族企业找到符合其家族、行业特征的新生代培养路径，这对当下大陆家族企业的传承与转型有着重要意义；（4）出版中国家族企业系列丛书，主题包括家族企业系统论、家族企业转型、家族企业失败案例。

家族企业国际学术研讨会简介（2005 年至 2017 年）

自 2005 年至 2017 年，"家族企业国际学术研讨会"已经在全国成功举办了 13 届。论坛汇聚世界各地研究家族企业的专家学者，共商家族企业之永续发展。此外，研讨会还设立了"茅理翔家族企业优秀论文奖基金"，从 2007 年开始，每年资助 10 万元奖励优秀论文作者，尤其是奖励投身家族企业研究的年轻学子，以弘扬健康向上的中国家族文化。2015 年增设"案例研究奖"，每届的总奖金增加到 15 万元。

由浙江大学经济学院与浙江大学城市学院联合主办的第一届创业和家族企业成长国际学术研讨会于 2005 年 6 月 17—19 日在杭州举行，会议主题为"家族企业成长"。这次会议得到了杭州市人民政府的大力支持并赢得了社会各界的广泛关注，取得了圆满的成功。

第二届创业和家族企业成长国际学术研讨会仍然由浙江大学经济学院和浙江大学城市学院联合主办，于 2006 年 5 月 18—20 日在杭州举行，会议主题为"创新和传承"。在本届研讨会上，茅理翔先生慷慨资助 100 万元人民币建立"茅理翔家族企业优秀论文奖基金"。

第三届创业和家族企业成长国际学术研讨会于 2007 年 11 月 7 日—10 日在杭州举行，由浙江大学经济学院和浙江大学城市学院联合举办。会议主题为"创业家族的成长"。本届会议与慈溪市政府合作举办慈溪·2008 家族企业管理论坛，以吸引众多企业家的参与与互动。

2008 年 11 月 7 日，以"家族企业的社会责任"为主题的第四届创业与家族企业国际研讨会在杭州金溪山庄开幕。第四届会议是在特殊的背景下召开的，当时社会责任的缺失已成为制约企业成长的重要因素。"三鹿奶粉"事件、频发的煤矿安全事故，都向全社会企业敲响了警钟。视家族声誉为企业立命之本的家族企业，更应该在社会责任上有所作为。

第五届会议于 2009 年 11 月 6 日—7 日召开，浙江大学城市学院和浙江大学经济学院联合举办了以创业教育和家族企业发展为核心内容的国际研讨会，参会人员超过 240 人，为历届之最。中国工程院常务副院长、党组副书记潘云鹤院士应邀出席会议并做了"中国的工程创新与人才对策"主旨报告，杭州市人民政府副市长陈小平做了"大学生创新创业问题"主题演讲。浙江省教育厅副厅长蒋胜祥应邀出席论坛，浙江大学党委副书记邹晓东出席会议并致辞。此次国际家族企业论坛面向国内外发布"2009 最受尊敬家族企业"、"接力 100——2009 中国家族企业少帅榜"两张榜单，进一步彰显了论坛的权威性和影响力。

第六届创业与家族企业国际研讨会于 2010 年 10 月 28 日—29 日在杭州金溪山庄举行，会议仍由浙江大学管理学院与浙江大学城市学院主办，由浙江大学全球创业研究中心和浙江大学城市学院商学院承办，《管理世界》杂志社、浙江大学城市学院创业与家族企业研究中心、浙江大学民营经济研究中心和中国民（私）营经济研究会家族企业传承与教育委员会等单位协办。以"家族企业现代转型"为主题，探讨家族控制的企业如何引进职业经理人和职业化管理，企业是否要多元化经营，企业战略和组织结构要如何应对和调整，公司治理如何走上良性的轨道，家族企业主如何应对越来越多利益相关者的关注等相关问题。

由浙江大学管理学院和浙江大学城市学院联合举办的第七届创业与家族企业国际研讨会于 2011 年 11 月 24 日在杭州开幕。来自英、澳、日、新、印尼及国内的研究专家、学者、创业先锋人物和民营企业家们汇聚杭州古运河畔，围绕"创业与家族企业传承"主题展开研讨。

2012 年 11 月 10 日—11 日，由浙江大学管理学院、中山大学管理学院和中国管理现代化研究会创业与中小企业专业委员会联合主办，浙江大学城市学院等高校和研究机构协办的第八届创业与家族企业国际研讨会在中山大学召开，来自美国、加拿大、新加坡以及我国的 160 余位学者参加了研讨会。与会学者在家族企业代际传承、创业与创新、家族涉入和公司治理、家族企业创业与管理等四个分会场做了成果展示和学术报告。该届创业与家族企业国际研讨会首次移师广州举行。

2013 年 10 月 17 日—18 日，以"华人家族企业传承"为主题的第九届创业与家族企业国际研讨会在杭州举行，由浙江大学城市学院和浙江大学管理学院联合举办。

以"传统文化与家族企业成长"为主题的第十届创业与家族企业国际研讨会于 2014 年 11 月 13 日—14 日在杭州举行。

2015 年 11 月 4 日，以"战略创业与家族企业持续成长"为主题的第十一届创业与家族企业国际研讨会在浙大紫金港校区开幕。与会嘉宾聚焦于家族企业的成长、传承和转型发展，深度探讨了家族企业保持家业长青的传承之道。

2016 年 12 月 7 日—8 日，以"新经济时代家族企业转型与发展：理论与实践"为主题的第十二届创业与家族企业国际研讨会暨第十届国际家族企业论坛在浙大紫金港校区举行。作为本次活动主办方，浙大管院企业家学院在会上正式发布了《2016 中国家族企业健康指数报告》。

第十三届创业与家族企业国际研讨会于 2017 年 11 月 25 日—26 日在广州中山大学举行，该届研讨会由浙江大学管理学院、中山大学管理学院、中国管理学会创业与中小企业专业委员会联合主办，浙江大学管理学院企业家学院、《管理世界》杂志、《南开管理评论》杂志、《管理学季刊》杂志与浙江大学城市学院等协办，浙江大学方太家族企业研究基金联合资助。大会的主题是"新时期：家族企业的创新与国际化"，旨在探讨中国民营经济在党的十九大后走向新时代的创新和发展之路。

第五章　海纳百川，汇聚社会资源兴教育

　　这些企业家对浙大、浙大城市学院的支持不仅表现在那些有形的物质上的捐赠，他们身上那种爱国情怀、社会责任感、诚信肯干的精神更能激励我们的学生，树立正确的世界观、人生观和价值观，发奋学习科学文化知识，全面提高专业技术水平，最终报效祖国，回馈社会。

——胡建雄

胡建雄口述

没有社会各界的支持，就没有学校的可持续发展。在浙江大学、浙江大学城市学院的办学过程中，有相当多的企业家、校友、著名学者给予了极大的帮助，他们或是捐款捐物，设立奖学金，帮助建设实验室、教学大楼，或是为学校发展建言献策，提供教学、实践等方面的社会资源。在学校今后的发展中，我们一方面要努力练内功，一方面也要向外寻求社会各界人士更大的支持。这两者是相辅相成的。有了社会各界的支持，学校的发展就能更进一步。反过来，学校也能为社会提供更多的人才，提供更多更好的社会服务。

在担任浙大副校长、浙江大学城市学院顾问期间，我一直重视与社会各界热心公益、支持教育的企业家、校友和著名学者的友好交往，与他们沟通感情，真心做朋友。在交往过程中，他们常来浙大、浙大城市学院访问，了解到我们办学过程中的实际困难，也愿意为学校的发展提供资金。在这几十年里，他们对浙大、浙大城市学院的发展给予了很多支持。

相识邵逸夫，促成浙大第一笔捐款

在我担任浙大副校长期间，结识了许多香港的企业家，后来我们都成了好朋友，经常书信、电话联系，我也常常去香港看望他们。但这些友情的建立都要从我与邵逸夫先生的相识说起。1984年年底，我应时任《香港文汇报》副总编王家祯的邀请，带团去香港访问，参观了香港大学等三所高校。这是我第一次来香港，却让我与这座城市结下了不解之缘，也开启了我与邵逸夫先生的友谊。在港访问期间，王家祯总编撰写了一篇对浙大的专访文章，对浙大的历史、背景和成绩都进行了详细报道。

邵逸夫先生看到报道后，知道家乡大学的校长来港，就通过时任新华社香港分社副社长李储文与我取得了联系，在电话里约好了时间见面。我俩第一次见面约在了一个意大利餐厅，一同吃了顿早餐。老先生向我询问了家乡的发展情况，又了解了浙大的办学情况。我说家乡和学校都发展得不错，但也直言不讳地说出了当时办学遇到的问题，主要是经济比较紧张，设备差了一点。当他听说了我们办学有难处时，就表示想为家乡做些事，并且让我说说学校眼下的需要。当时浙大教研经费十分紧张，我对邵逸夫先生说，浙大一是想建个科学馆，二是想建个体育馆。

邵逸夫先生考虑后说："先搞个科学馆。"对于科学馆的文字方案他也提出了要求，首先文字要简练，其次要用正楷字体的毛笔书写。我回校后，抓紧写成了1000多字的文字方案，并请了中文系的教授用毛笔抄写了两遍，反复检查，才给邵逸夫先生送去。先生看了之后认可了我们的方案，然后紧接着就是完成技术方案，包括确定地址、设计、模型等。为此，我还专门请了浙大土木系和浙大设计院的几位老教授，经过几个月的加班加点完成了方案，邵逸夫先生看过方案后表示十分满意，很快决定捐资1000万元港币建设科学馆。

1986年，邵逸夫科学馆破土动工。快竣工时，正值邵逸夫第一次到访内地，当然要来看看浙大这座科学馆。老先生对科学馆赞许有加，趁着这股子热劲儿，我赶紧将当初提的另一个体育馆的方案递了上去，邵先生看到科学馆的成功建成，对于体育馆的方案同样很满意，接着又捐助了1000万元港币建设体育馆。

邵逸夫先生资助浙大建设科学馆与体育馆的事迹在全国引起了轰动，

教育部（当时的国家教委）找到我，希望我去和老先生谈谈，期望他对教育的捐款不仅仅是面向浙大，也要面向全国，促进全国其他高校一同发展。于是，我带着教育部的委托，又一次去香港拜见了老先生，告诉他全国高校的校长听说了他的慷慨捐助，都十分惊讶，并且教育部也想寻求机会拜访他老人家。老先生爽快地答应了。我将老先生的意思反馈后，教育部立即组成了 36 所大学校长的代表团，由刘忠德（时任教委副主任）带队，我陪同赴港拜访。邵逸夫先生看到了这么多大学校长来到香港，内心激动，表态以后每年拿出 1 亿元港币，支持大学的教育工作。不久后，直属教育部的大学纷纷建起了邵逸夫科学馆。从 1992 年后，捐助金额增加到每年 2 亿元港币。

由于邵逸夫先生首次向浙大的捐赠项目得到了很好的实施，同时出于对家乡无比的热爱，此后邵先生对浙大及浙江的其他几所高校慷慨捐资，资助了一大批项目，如浙江农业大学逸夫体育馆、浙江大学逸夫体育馆、浙江大学逸夫工商楼、浙江医科大学邵逸夫医院、杭州大学逸夫科教楼、浙江大学西溪校区逸夫艺术中心楼等。

我与邵逸夫先生的友谊从香港开始，与大学的教育事业相关。对老先生的义举我着实佩服与感动。后来再去香港时，老先生又与我商量对中小学教育的捐助计划。他说仅仅建设大学是不够的，让我帮他估摸建设一所小学的资金。我初步估计大概是 20 万元港币，他想了想就拍了板，决定一年建 200 所小学，支持小学教育事业。

邵逸夫先生的捐助不仅涉及教育，也延伸到医疗卫生。在浙大工作期间，我曾经帮助郑树（原浙江医科大学校长）联系老先生，请他捐资建设邵逸夫医院。邵逸夫医院是邵先生在内地捐建的第一家医院，也使他从 2007 年起开始把捐助的重点转向医院。用他的话说，是要在全国建一大批医院，大、中、小都要有。

2013 年 9 月，邵逸夫基金捐赠 2 亿元港币支持浙江大学建设"邵逸夫医学研究中心"和"邵逸夫医疗中心"。这也是邵逸夫先生生前捐赠的最后一个项目。

邵逸夫先生去世那年，文汇报记者余昼还特意来我家专访，报道了邵逸夫向浙大捐资建设邵逸夫体育馆、邵逸夫科学馆的事迹。说起来余昼还是我们城市学院新闻系毕业的学生呢。

浙大校友及老朋友捐资支持办学

每当回想起浙大这些年的发展，都不禁想起那些支持浙大办学的老朋友们。我在担任浙大副校长期间，与很多校友、关心浙大的企业家建立了良好的关系。他们关心浙大和浙大城市学院的发展，慷慨出资建设大楼、实验室，设立奖学金，支持优秀的困难学生完成学业，也支持优秀教师出国交流，开展课题研究。在这里，我选择几位接触比较多的校友和企业家朋友来谈一谈。

一、杰出校友夫妇——汤永谦、姚文琴

汤永谦先生就读浙大时正值抗战时期。他随浙大西迁求学，毕业后想用所学专长发展中国化学工业，在条件极其困难的贵州遵义创办了"中华肥皂公司"，服务于抗战后方。1944 年，他考取公费留学，1945 年赴美，先后获得美国匹兹堡大学硕士学位和哥伦比亚大学博士学位。在美国，他白手起家，艰苦创业，创建了特克里公司。公司在食品药物包装材料生产技术上不断创新，在企业经营上不断改进，最终在竞争激烈的美国市场中脱颖而出。特克里公司曾以出色的业绩荣获美国政府授予的"亚裔商业杰出奖"和纽约市政府授予的"杰出企业奖"，还被评为美国新泽西州 50 家发展最快的企业之一。

汤先生的夫人姚文琴女士也是浙大校友，毕业于浙大教育系。1946 年后在美国匹兹堡大学攻读硕士学位，主修幼儿教育。毕业后在美国哥伦比亚大学教育学院进行早期儿童教育研究。1950 年进入联合国纽约国际学校任幼儿教师，1990 年退休。姚文琴女士在联合国国际学校工作长达 40 年，她尽职尽责把自己的全部精力奉献给了国际幼儿教育事业。

汤永谦和姚文琴夫妇在海外一直思念着祖国和母校。他们对祖国的建设与繁荣十分关心，对母校的发展倾注了巨大的热情。1997年，正值浙大100周年校庆筹备阶段，汤永谦先生及夫人姚文琴来到浙大，他们一是庆祝母校建校100周年，二是回家寻根祭祖，我作为浙大常务副校长接待了他们。为报答母校培育之恩，汤永谦先生及夫人捐资240万美元，在浙大玉泉校区建起了"永谦学生活动中心"。后来，在浙大多位学校领导的持续工作下，又为母校捐资兴建"永谦数学大楼"，组建了"浙江大学文琴艺术总团"，设立了"化工学院汤永谦、汤永年基金""浙江大学幼教研究发展基金"等。在浙大争创世界一流大学的道路上，汤先生义义不容辞给予了很大帮助。2000年，汤先生特别设立"汤永谦学科建设发展基金"，这项基金为浙大学科建设发展和人才培养发挥了重要作用。2001年6月12日，汤永谦先生还向城市学院捐款100万元人民币，设立了浙江大学城市学院"汤氏教育基金"。2006年7月，汤永谦先生在"汤永谦学科建设发展基金"每年捐

2001年6月12日，浙大旅美校友汤永谦先生捐款100万元人民币，设立浙江大学城市学院"汤氏教育基金"，汤永谦夫人姚文琴女士出席捐赠仪式

资 20 万美元的基础上，再捐资 5 万美元，设立"浙江大学永谦讲座教授"，支持母校引进国际优秀的师资力量。2010 年，又出资 200 万美元，支持紫金港校区"永谦化工大楼"的建设。截至 2018 年，汤永谦和姚文琴夫妇向母校捐款金额累计近亿元人民币，对浙江大学的基础建设、学科发展和人才培养发挥了重要作用。

二、丹麦春卷大王——范岁久

另一位校友很特别，他来自丹麦，是当地有名的"春卷大王"。他叫范岁久，是抗战前去的丹麦。那年，范岁久先生 24 岁，他和父亲都有"农业救国"的理想，希望在异国学到先进的耕作技术，并将所学带回国。可就在他学成之时，第二次世界大战爆发，他只能继续在外漂泊，这一漂泊就是大半生。为了谋生，范岁久先生试着把家乡的春卷放到丹麦市场上卖，没想到中国的春卷在国外大受欢迎。范岁久先生很聪明，他的春卷是根据丹麦人的饮食习惯改良过的，一个春卷比国内的大两倍，适合外国人的大胃口，这样春卷就变成了一种快餐食品。通常一个人只要两个春卷就可以充当早点了。另外，他还开发出新的馅心，像法国人爱吃酸性食物，就做成酸味的；墨西哥人爱吃辣，就做成辣味的；英国人爱吃咖喱，就做成咖喱味的；美国人爱吃牛肉，就做成牛肉味的。如此一来，他的春卷在丹麦大受欢迎。一开始，范岁久先生是每天手工制作，卖 500 个，到后来，生意越来越好，范岁久先生就开始研发机械自动化的制作，从原料加工到最终的成品，全部实现了自动化。后来，他的"大龙"春卷厂日产量突破 100 万只。就这样，他成了丹麦名副其实的"春卷大王"。

除了春卷，范岁久先生还生产中国酱油，制作各种小包装食品，如甜酸仔鸡、酸辣汤、肉糜油面筋等。就这样，"大龙"春卷厂从一个小企业开始做大做强，现在已经成为一家固定资产达 3 亿多丹麦克朗的现代化跨国公司。1986 年 5 月，丹麦女王及丈夫亨利克亲王亲自为其颁奖，授予范岁久"菲德烈国王九世出口奖"。

范岁久先生为自己的两个儿子取名为本德、汉民，意思是永不忘本。

虽然人在异国，但他希望子孙永远记得自己的根在哪儿。1989 年，他曾让范本德夫妇回国"寻根"，拜谒祖坟，探望亲友。

范岁久先生非常关心祖国的教育事业。1982 年起，他设立了"大龙基金会"资助在丹麦学习的中国留学生。我和范岁久先生有过一段交往。他回大陆祭祖，我曾接待过他。我第一次去丹麦，就是去参观他的"大龙"公司。在这期间，范岁久先生表达了向母校捐款资助办学的愿望，我就积极地帮他寻找项目。2000 年 4 月，他向浙江大学捐资 150 万丹麦克朗，建立"范岁久医学图像实验室"，这是浙大第一个以个人形式捐款建设的实验室。医学图像研究以医学、信息、数学、仪器工程等为支持学科，是新兴交叉学科领域，也将是人类保健和公共医疗的一大支撑技术。2012 年，他又通过"范岁久基金会"向浙大捐赠 10 万丹麦克朗，资助浙大经济困难的学生前往丹麦交流学习。此外，城市学院与丹麦奥尔堡大学的国际合作项目也是他促成的。

三、香港著名查氏家族成员——查济民、查良镛

支持浙大办学的香港爱国人士很多，其中有两位我很熟悉，他们就是查氏家族的查济民先生与金庸先生（金庸原名查良镛）。这两位都是从浙江海宁走出去的名人，也都是深深惦记母校的浙大校友。虽然两人身在香港，但也不忘故乡，高龄之年还常回内地，关注着家乡的教育。

查济民先生是香港有名的"纺织大王"。他从国立浙江大学附设浙江公立工业专门学校毕业后专注发展实业，生意越做越好。他积极参与各种社会活动，关注慈善事业，尤其是对内地的科技教育事业给予了积极支持。1994 年，他捐资 2000 万美元创立了"求是科技基金会"，对内地科技事业的发展起到了积极的推动作用。基金会主要目的是通过资助在科技领域上有成就的中国学者，推动中国的科技研究工作。求是科技基金会所聘任的顾问如陈省身、杨振宁、周光召、李远哲、简悦威、何大一、姚旺智等都是国际知名的顶尖学者。

1994 年 8 月 22 日，查济民先生与妻子刘璧如女士率儿女查懋声、查懋德、

查美龙和查美庆赴京，参加在人民大会堂举行的首届求是科技基金会杰出科学家颁奖典礼。总理李鹏出席大会并讲话，吴文俊、邓稼先、周光召、于敏、任新民、梁守槃、屠守锷、黄纬禄、钱人元、陈中伟10位著名科学家荣获"杰出科学家奖"（其中梁守槃和钱人元为浙江大学校友），各获奖金100万元人民币。1997年9月17日，求是科技基金会第四次颁奖会在浙大举行，向汪猷校友等9位科学家就其对人工合成牛胰岛素的杰出贡献颁发了"杰出科技成就集体奖"，奖金高达150万元人民币，另重奖"杰出科技集体奖""杰出青年学者奖"等。2003年9月16日"求是科技基金会"再次颁奖，向中国航天6杰共奖励200万元人民币。

求是科技基金会除了奖励有杰出贡献的科学家、科技人员和教师外，从2000年起，基金会还选择国内知名大学设立"香港求是科技基金会本科生奖学金"，自2002年起又设立"求是科技基金会研究生奖学金"，旨在协助中国著名高校培养一流的年轻科技人才。如求是科技基金会捐资400万元人民币，在华中科技大学分四年（2007—2010年）资助333名品学兼优、家庭经济困难学生完成学业。

作为浙大校友，查济民先生也一直关注、支持浙大的建设和发展，捐建了"求是堂"等项目，资助浙大举办国际学术会议，还建议并促成浙江大学授予联合国秘书长安南名誉博士学位一事。2004年12月17日，浙大授予查济民先生名誉博士学位。这是继邵逸夫、曹光彪、安南、丘成桐之后，浙大向国内外知名人士授予的第五个名誉博士学位。查济民先生对于浙大的学科建设与人才引进也十分关注。2006年10月，查济民先生特邀国际知名科学家朱经武、简悦威、周尚林三人出任浙大查氏讲座（顾问）教授，并组建"浙江大学求是高等研究院"，为浙江大学的学科建设和人才引进助一臂之力。

查济民先生对浙江大学城市学院的发展也很关心。2004年4月，查济民先生和夫人刘璧如一起向城市学院捐资设立了"刘璧如国际交流基金"。刘璧如女士是江苏常州人，出身名门，社会阅历丰富，文学修养深厚，个

2004年4月4日，香港知名人士查济民、刘璧如夫妇捐资200万港币设立"浙江大学城市学院刘璧如国际交流基金"。查济民先生出席基金捐赠仪式并为获奖教师颁奖，浙江大学党委书记张浚生到会祝贺

人影响很大，担任江苏省政协常委、香港妇联执委等职。查济民、刘璧如夫妇爱国爱乡爱港，崇尚教育事业，投巨资在内地和香港设有多项教育和科技基金。这次设立的"刘璧如国际交流基金"本金为200万元港币，每年产生的利息用于资助城市学院优秀教师赴境外进修、培训、考察等项目。第一批获奖的6名教师在暑假期间分别赴美国、新加坡等国和香港等地区学习进修。那年年底，城市学院还专门举办了见面会。查济民、刘璧如夫妇在杭州会见了浙大城市学院首批"刘璧如国际交流基金"获奖教师，并听取他们在境外的学习考察汇报。我和邹晓东书记一起陪同会见。

　　同属于查氏家族的金庸先生与浙大之间也有很深的缘分。这个缘分要从竺可桢校长那个时候说起。金庸先生曾向《文汇报》的记者回顾过那段历史。1947年，浙大从贵州湄潭迁回杭州办学。那一年，金庸先生已经在杭州《东南日报》当记者。一次，在采访竺可桢校长时，金庸先生告诉竺校长，自己很想进浙大读外国文学硕士学位，但因为家境困难，还不能放弃记者的职业，脱产到浙大深造，为此深感遗憾。竺可桢校长对金庸先生说，像金庸先生当时的水平，应该可以录取。但是按浙大当时的规矩，读研究生必须交一大笔学费。所以竺可桢最后建议金庸自修。但金庸先生与浙大的缘分并没因此断开。中科院院长路甬祥在担任浙江大学校长时，与金庸先生有了交往。1994 年，路甬祥校长邀请金庸先生夫妇访问浙大，并表示了聘他为浙大名誉教授的愿望，金庸先生欣然接受。1996 年 11 月，金庸先生被正式聘为浙大名誉教授。

之后几年，金庸先生每年都要到浙大，看看浙大的变化，见见浙大的师生。后来，他在浙大设立了"金庸人文基金"，专门资助贫困学生。设立这项基金是因为他当年因为家境困难而无缘进浙大求学，他希望尽力帮助更多贫困学子实现求学梦，不让他们留有自己当年的遗憾。

1998 年 9 月，浙江大学、杭州大学、浙江农业大学、浙江医科大学四所高校联合组建成新浙江大学，金庸先生参加了新浙大成立仪式。校长潘云鹤在与金庸先生聊天时表示，为了新浙大的发展，希望金庸先生多给予关心和支持。此后，潘校长又多次给金庸去信，先是请他经常到浙大讲学，对浙大的人文学科给予支持。金庸给潘校长回了信，除了感谢之外，金庸还表示想写一部中国通史。他认为，从做学问的角度讲，他更倾向于到浙大，因为浙江是他的故乡。接到金庸来信后，潘校长马上回信，邀请金庸出任浙大人文学院院长。他说，如果金庸先生能够接受邀请，他将亲自登门拜访。金庸给潘校长回信，表示很高兴接受这一邀请。在信中，金庸先生还特别提到了浙大要建设国际交流学院的事宜，觉得这对浙大与香港各大学进行交流合作大有益处，并提到香港理工大学的潘宗光校长是其好友，香港理工大学与很多工业、企业都有合作，和其建立合作关系，有助于争取到办学的经费。所以，希望浙大可与香港理工大学建立合作关系，争取更多的办学资源。透过金庸先生的信，我们能感受到金庸先生对浙大发展的关心，对浙大学子的牵挂。

2001 年 4 月 12 日，香港著名报人、武侠小说作家金庸先生访问城市学院

1999 年 3 月 26 日，金庸先生从浙江大学党委书记张浚生手中接过两份聘书，一份为浙江大学教授的聘书，另一份是浙江大学人文学院院长的聘书。

金庸先生与浙江大学城市学院也有着深厚的缘分。

2001 年 4 月 12 日，时任浙大人文学院院长的金庸先生应邀访问浙大城市学院，与师生交流座谈。他亲切地称呼城市学院学生为小师弟小师妹，盛赞学院教育模式顺应世界趋势。学生为了表达对他的喜爱，赠送了书法——"飞雪连天射白鹿，笑书神侠倚碧鸳。" 那天对于城市学院的学生来说，真的像一个重大的节日，全校轰动，楼道都被挤得水泄不通。

金庸先生还在城市学院挖掘了一个小演员。当时城市学院广电新闻 2001 级在校生王祎在他的推荐下参演了张纪中导演的《天龙八部》，饰演慕容复的婢女阿碧。

"大师兄"是金庸先生最喜欢听到的称呼。在很多场合，他把浙大的学生亲切地称为"小师弟""小师妹"。金庸曾说："我喜欢年轻人，每次看到他们在黑板上写着'欢迎大师兄来讲课'，我就很开心。"金庸先生曾在接受媒体采访时表示，一生最喜欢的事，就是和年轻的学子交往。

小企业，大爱心

魏绍相先生是香港恒丰喉业公司的老板。他的企业不大，在香港苏杭街一幢不起眼的老楼上，有一个大开间，间隔成几个办公室。魏先生的恒丰喉业公司在香港只能算是一个小型公司，但魏绍相对祖国教育事业的捐助却不遗余力。他这种爱国重教的精神令我深为感佩。

魏绍相先生是我的老朋友了。记得20世纪80年代，我作为浙江大学访港代表团成员，来到香港"上海总会"参观访问，并与魏先生有了一面之缘。但真正与魏绍相先生熟悉起来，是在90年代的黄山之行。还记得那个傍晚，我们徜徉在黄山顶上，散步聊天，畅所欲言。

那一年春天，上海总会组团去黄山旅游，我也受到了邀请。还记得那是一个雨雾蒙蒙的日子，上海总会一行二三十人从上海直接去了安徽黄山，我从杭州坐长途车前往，来到黄山山顶与他们相聚。

在山顶与上海总会的朋友们共叙友情的时光中，我有幸结识了魏绍相先生，当时魏先生是上海总会的常务理事。有一天，我吃完晚餐，独自出来散步，看看黄山落日，这时正好遇到魏绍相先生从房间出来，便与他一同散步聊天。我向他介绍了浙大近年来的发展情况，他也简单介绍了他公司的情况，还聊了些许各自的爱好，这偶然的闲聊让我俩觉得投缘。

游完黄山，我邀请了上海总会一行到浙江大学参观访问，他们一行乘船经新安江来到杭州，时任浙江大学港澳台办公室主任的王立人参与接待了上海总会一行。这是魏绍相先生第一次来到浙江大学。之后几年里，魏绍相先生跟随上海总会等社团组织多次回到内地参观访问。

浙大的校园给他留下了美好的印象，我与魏绍相先生也因此结下了深厚的友谊。此后，我去香港，都会去恒丰公司拜访魏先生，而他来杭州，也会与我叙旧。魏绍相先生是一个有心人，多年的交往中他一直表示要为浙大做些事。2004年，魏绍相先生捐款资助浙大建设"魏绍相计算机教学实验中心"。后又在航空航天学院设立了"魏绍相奖学金"。

2004年4月27日，由浙大城市学院发起并主办的"2004中国成长型大学——独立学院峰会"在杭州举行，近140所独立学院负责人约300人汇聚一堂，探讨独立学院办学模式、管理体系与发展目标，研究解决发展道路上的遇到的问题。魏先生与香港知名爱国实业家也受邀参加了这一盛会。

我作为城市学院顾问陪同魏绍相先生等企业家们参观了城市学院。这是魏绍相先生第一次来到城市学院。魏绍相先生告诉我，等到金秋十月，他要来参观城市学院五周年校庆庆典，为了表示祝贺，他向城市学院捐赠了10万元。这笔款项后来用于资助城市学院校庆期间举办的"应用型人才培养高级研讨会"。

10月15日，浙江大学城市学院举行了建院五周年庆祝大会。在这次五周年校庆中，魏先生与众多教育界人士、香港实业家一起见证了城市学院的成长，进一步了解了城市学院的发展历程和办学理念，同时他也在想能为学院做点什么。

浙江大学的两个项目他都十分满意，也想听听我的建议，想为城市学院做点事。我结合了学院的实际情况，对他说："城市学院是一个新建的学校，实验基地比较薄弱。培养学生的话一定要有实验基地，现在最基本的就是工科的实验基地，那么建一个机械实验室是第一位的。"

根据我的建议，魏绍相先生于2006年向城市学院捐赠了50万元港币，资助学院建设工业中心的"魏绍相产品创新与快速成型实验室"。2007年5月，魏先生偕夫人严月华女士及亲友在我的陪同下专程访问了城市学院，并参观了工程学院的工业中心。

"魏绍相产品创新与快速成型实验室"取得的成果让魏先生十分满意，这一次他又让我给他建议。这时正值城市学院文科楼4号楼在建，需要大量资金，我就把眼下的难题告诉了他。2008 年年初，他慷慨捐资 110 万元港币，支持文科楼 4 号楼建设。为了感谢魏绍相先生的义举，城市学院特意将这幢楼命名为"魏绍相楼"。2008 年 6 月 21 日，魏绍相偕夫人严月华，与香港上海总会理事长王绪亮等人又一次来到城市学院，魏绍相先生一直牵挂着后期装修的魏绍相楼，他们在学院领导的陪同下参观了即将完工的传媒学院演采编播室和筹建中的演播大厅，魏绍相先生表示非常满意。

多年来，魏绍相先生对城市学院的发展非常关心，与城市学院也始终保持着密切的联系。2009 年年初，他与城市学院商定了一个新的捐赠项目，设立浙江大学城市学院魏绍相工科优秀人才奖励基金，奖励工科优秀教师和学生出国（境）交流，此项奖励基金的设立，推动了城市学院的人才培养和学科发展。2009 年 7 月，魏绍相先生捐资 57 万元港币设立魏绍相工科优秀人才奖励基金。

2009 年 10 月 17 日，香港知名企业家魏绍相、严月华夫妇，胡建雄、范志进夫妇出席浙江大学城市学院魏绍相楼揭牌仪式

2009 年，城市学院十周年校庆时，魏绍相先生偕夫人出席了院庆盛典。十周年校庆后，魏先生再次捐助 100 万元人民币，这笔款项被用于建设重要研究与开发实验室。最后城市学院将实验室命名为"浙江大学城市学院严月华医药研究中心"，以表示对魏绍相先生及夫人严月华女士的感恩。

魏绍相先生于 2011 年至 2014 年先后捐赠共计 150 万元港币，学院配套 150 万资金，先后建成"魏绍相护理专业实验室""魏绍相医学康复中心"及"护理康复研究室"。这些实验室较好地满足了学生学习、师生科研等多层次的需求，为培养"应用型、复合型、创新型"的临床护理专业人才提供了设备保障。

2013 年，他捐资港币 50 万元，在魏绍相教育基金下设"浙江大学城市学院魏绍相土木工程专业新生精英奖学基金"，用于奖励一批次录取的土木工程专业品学兼优的新生。同年年底，又捐资港币 50 万元用于支持学院设立"魏绍相奖教金"以大力褒扬优秀的师德师风，提高人才培养质量。2016 年，又捐助 50 万元港币用于"魏绍相创客中心"的建设。

这十多年来，魏绍相先生在城市学院的捐赠资金已逾千万元。

魏绍相先生为人非常纯朴，多年来一直坚持做自己的公司，卖水管、水龙头等五金件，完全是小生意，但他对教育的投资却热心慷慨，他崇尚教育，关爱后代，希望他们好好念书，他对贫穷学生的帮助也是非常诚心的。

捐资助教父子兵

从浙江大学到城市学院，有数不清的社会贤达参与了浙大和城市学院的建设，也见证了浙大和城市学院的发展，他们的爱心与奉献感染着一代代浙大和城市学院的学子。其中我想说说三对父子的故事。

一、唐学元、唐大威父子

第一对父子是从事米业的唐氏父子。享有"香港米王"称号的唐学元先生是一个极为低调、诚信经商的企业家。潮汕人向来智慧勤劳，以"一条扁担闯天下"的精神在商海留下许多传奇，唐学元先生是其中的代表之一。

在和唐学元先生相识的日子里，我能感受到他身上勤俭、诚恳的品质。他身上藏着一股子韧劲，我想这大概和他早年间的经历有很大的关系。20世纪 20 年代，唐学元出生在广东省汕头市郊鮀浦村。迫于生计，还在上中学的唐先生不得不辍学去父亲的店里做帮手。几年后，唐学元先生协助父亲创办了聚大行公司，经营泰国大米在香港的代售生意，而他自己也因此经常到泰国买货和联络当地出口商。他从学徒开始，担担抬抬、扫地、抹桌、斟茶倒水、收拾碗筷，件件都得做。就这样，唐学元先生慢慢积累了经营米铺的经验，而且和伙计、行家打成一片。同时，他也意识到自己文化水平的不足，经常到青年会读夜校，充实自己。

20 世纪 60 年代，唐学元先生开始接管父亲的生意，经营起聚大行公司（聚大行公司在 1951 年政府实施管制时是香港 60 家大米进口商之一，当时的进口量名列前三甲）。年仅 30 的唐学元先生已是米行的行家了。他信手抓起一把米，稍加拿捏，就能道出它们的产地、特性，对各地米业的行规更是了然于胸。

聚大行公司在唐学元先生及其家人的经营下，由当初四个人组成的小米铺发展为香港米行的金字招牌。唐学元先生也在米市享有盛名，被人称为"香港米王"。他的生意也从一粒小小的米，逐渐拓展到地产、贸易、饮食、货仓等方面。

唐学元先生的经商为人之道令人佩服，而他对国家事务和社会公益事业的热衷更深受世人爱戴。香港回归前，他被邀请担任新华社香港分社香港地区事务顾问，积极支持中央对港政策，为香港平稳顺利回归出力。1995 年，为了消除港商对回归后政策的顾虑，唐学元先生亲自带领香港潮州商会的全部会员前往北京参观考察，并受到时任全国政协主席李瑞环的亲切接见，活动最终取得圆满成功。香港回归后，他又担任香港特别行政区第一届政府推选委员会委员。鉴于他的贡献，首任香港特首董建华为他颁发了铜紫荆星章。

20 世纪 70 年代，汕头市政府邀请唐学元先生到内地投资酒店，承诺将

2004 年 10 月 15 日，香港企业家唐学元先生捐资 50 万元港币建立的"唐学元财务分析实验室"落成

建成后的酒店前五年的全部收益都归唐学元先生。唐学元先生投资 154 万元将酒店建成后，前三年就将成本收回，对于后两年的收益，他分毫不取，全部归家乡政府支配。按照酒店的经营效益，他差不多将 200 万留给了当地政府。由于汕头淡水资源供应不足，他还主动捐资兴建水厂。1996 年 4 月，他捐款建造了造价 53 万元的睢县蓼堤镇唐学元希望小学。

2004 年，正逢浙江大学城市学院建院 5 周年，唐学元先生出资 50 万元在城市学院建立"唐学元财务分析实验室"。这个实验室不仅能满足日常教学需要，还能进行股票、期货、外汇模拟交易、企业会计电算化实用系统运行、上市公司财务数据定量分析和背景资料研究等。实验室软硬件配备的涵盖内容和技术性能在当时都处于全国高校领先水平。

2007 年，在浙大 110 周年华诞之际，唐学元父子再次捐资 110 万元港币，支持浙大"浚生贫困学生助学基金"，并设立"浙江大学唐大威优秀学生赴港实习计划"。在此之前，他还曾捐赠 110 万元人民币设立浙江大学管理创业基金，支持浙大管理学科的发展；捐赠 100 万元人民币建立农产品生物污染检测实验室，用于提高浙大农产品生物污染问题的研究和检测技术水平。

2009 年，唐学元先生又出资 100 万元在浙大城市学院设立了"商科优秀人才奖励基金"。这个基金用于资助商科优秀教师赴境外参加国际学术会议、合作研究、进修等学术活动，资助优秀学生赴境外开展合作交流。

唐学元之子唐大威先生继承了父亲身上的优良品质，与他父亲一样积极参与社会事务，热心公益慈善事业和教育事业，尤其关注应用型创新人才的培养。2004 年 10 月，他受聘浙江大学城市学院客座教授，2007 年 5 月又被学院聘为专家咨询委员会财务及金融管理学科首席专家。唐大威是英国、香港两地的注册会计师，国际仲裁司学会会员、香港仲裁司学会会员。目前国内传统型财务会计很多，但是在财务分析和理财方面有经验的管理人员却比较少。唐大威先生来城市学院任教，不仅能为学院的科研工作增加新生力量，还能为学院培养财会方面的高素质应用人才提供很大帮助。唐氏父子奉献教育、造福桑梓的美好情怀在城市学院师生当中传为佳话。

二、陈曾焘、陈仰宗父子

我是通过香港的方润华先生结识了陈曾焘、陈仰宗父子。当年办学资金紧张成了限制大学发展的一个因素。我多次跑去香港向几位关系要好的企业家朋友寻求帮助，他们也一直替我留心有意捐助的企业家。一次在和香港企业家方润华先生聊天时，他得知我们眼下办学的困难，就推荐了几位有能力并且热心支持教育事业的香港企业家给我，陈曾焘先生就是其中一位。陈曾焘先生曾任香港建设及地产商会副会长、香港中央结算公司主席、香港联合交易所理事、香港政府土地发展局及机场管理局董事等职。多年来，他一直支持香港及内地的教育事业，除担任复旦大学、南京大学校董外，还出任香港中文大学联合书院校董、香港科技大学顾问委员会委员、香港大学教学科研基金创会董事等职。

我记得当年电话联系陈曾焘先生后，他非常爽快，立刻和我约了时间见面。初次见陈曾焘先生时，对于他能否捐助浙大我并没有抱太大希望，但还是准备了一些浙大的资料。饭桌上，我和他聊得很投缘，尤其是说到教育捐助的事项上，我们更是畅所欲言。陈曾焘先生对于教育事业慷慨大方，先前他已在南京大学和复旦大学各捐助了 500 万元，但都是直接捐钱，并不过问这笔资金是用到什么地方，又是如何运用的。我对此直率地说出了我的看法，我建议陈曾焘先生改变捐款方式，将纯粹捐钱改成为某个具体项目捐款，这样可以关注到项目的整个运作过程，捐款的效果会更为显著。陈曾焘先生听了我的想法表示认可，有意继续探讨。这次饭桌上的交流不仅让我和陈曾焘先生正式相识，更让我惊喜的是他二话不说就决定通过香港思源基金会对浙大进行捐助。

香港思源基金会由陈曾焘先生及其夫人陈许启明女士于 1997 年设立。基金会自成立以来，已赞助了国内外多家教育及医疗机构。2003 年，基金会向浙大捐资 1000 万元人民币，支持生命科学学院的天然药物与生物毒素的研究。在陈曾焘先生的帮助下，2003 年 9 月，浙大成立了"思源天然药

2004 年 5 月 15 日，国内高校首家"家族企业研究所"成立

物及生物毒素研究中心"。

在和陈曾焘先生的交往中，我发现他对家族经济的研究兴趣颇高。2004年，城市学院成立了国内高校首家"家族企业研究所"。城市学院邀请了陈曾焘先生担任研究所名誉所长，并且聘请他的儿子、香港科技大学陈仰宗先生为研究所客座教授，浙大博士生导师陈凌教授应聘为首任所长。家族企业研究所通过开展学术研究、培训咨询和国际交流等方式，为浙江省乃至国内的家族企业提供课题研究和管理咨询服务，解决企业的实际问题。在陈曾焘先生的帮助下，家族企业研究所与香港"思源基金会"合作，引进国外丰富的研究成果和管理经验，同时，也为国外学者研究中国家族企业提供合作平台。2004年，陈曾焘先生通过基金会向研究所捐赠108万元人民币，资助研究所建设和开展研究工作。

在和陈曾焘先生讨论教育事业的过程中，我们彼此吸收与学习。在他面前，无须拘谨，可以畅所欲言，他会虚心听取对方的意见，对于朋友的需求他也会竭力帮助，这大概也是这些年我们保持密切联系的原因吧，可以彼此理解，彼此帮助，共同为教育事业奉献一分力量。

三、金如新、金维明父子

很多香港企业家的祖籍是浙江，金如新先生就是其中一位。他祖籍浙江镇海，他的父辈在新中国成立前就已是颇有名气的金融家。金如新早年在上海沪江大学攻读商科，毕业后在上海平安、宝丰、大安等保险公司就职。1956年，金如新先生去了香港，从事保险业务几十年。金如新先生一直注重诚信，他将"无形财产"看得比"有形财产"更重要。所谓的无形财产于他而言就是信用，信用一旦缺失，就很难树立起来，这也是金如新先生在行业里做大做强、受人尊重的重要原因。

金如新先生事业蒸蒸日上的同时也不忘家乡，不忘教育。受父亲的影响，他的儿子金维明也同样热心公益，关心教育。他于2006年在城市学院设立"新丽助学金"，资助优秀贫困生。2010年，他又捐赠100万元港币支持浙大城市学院办学，城市学院将迎宾楼（专家楼）以金维明先生父亲之名命名

2010 年 1 月 25 日，金如新先生之子金维明先生携好友贺一诚先生与到会的领导、嘉宾共同为金如新楼揭牌

为"金如新楼"。我时常与金维明先生通话，虽然我们属于两辈人，但谈及办学、教育，总是能产生共鸣。

办学理念阐述

打开门来办大学

20 世纪 80 年代我们浙大有一句口号："科研要吃百家饭。"转换到办学上也是相同的道理。高校做大做强也要吃"百家饭"，引进多种资金发展教育。从世界顶尖大学的发展历程来看，正是源源不断的社会捐赠极大地支持了它们的发展壮大。中国高等教育的发展，也应该借鉴这条道路。尤其在 20 世纪 80 年代，中国的大学办学资金缺口大，学校领导也是多方"化缘"，想尽办法争取发展资金。浙江大学算是比较早地在这方面探索出了自己的路子。

（一）广交友、结善缘，利用一切力量发展教育

从浙江大学到城市学院，这些年，我结识的乐于捐资助学的香港企业家朋友越来越多。从邵逸夫先生开始，我结识了一大批香港企业家，包玉刚、方润华、查济民、陈曾焘、唐学元、魏绍相……邵逸夫先生就如我的引路人，与他的相识生发了之后与其他企业家的数不尽的友谊。这些企业家热爱祖国，崇尚教育，热切关注着祖国的社会经济文化发展。在我们的交往过程中，他们也通过我了解浙大、浙大城市学院的发展，并通过捐款、设立奖学金等各种形式支持和参与到浙大和浙大城市学院的办学中来。他们的加入不仅让我们在办学硬件（物资）上得到了大力支持，对办学软件（理念）也有了更深刻的认识。

大学的发展离不开社会支持，这是世界一流大学共同的经验。哈佛大学从成立之日起，社会捐赠就在其中扮演着举足轻重的角色。据资料显示，哈佛大学每年的捐赠收入有几亿美元。在哈佛大学里的建筑，随处可见镌刻着捐赠者姓名的标志。耶鲁大学的耶鲁捐赠基金被称为是全球运作最成功的学校捐赠基金，金额高达 200 亿美元。哈佛、耶鲁之所以成为世界顶尖的一流大学，与其庞大的社会资金支持密切相关。这点值得我国高校借鉴。

无论是浙大这些年的不断发展，还是城市学院从创办到如今逐渐强大的过程，都离不开社会资金的支持，离不开校友和企业家朋友们的大力支持。在城市学院，来自香港企业家的捐赠是很多的。有一个说法：香港人乐善好施，盛产企业家，也盛产慈善家。在香港富豪捐助的公益项目里，教育方面的尤其突出。自 20 世纪 80 年代以来，香港爱国爱港知名企业家霍英东、邵逸夫、曾宪梓、李嘉诚、李兆基、田家炳、吕志和、周凯旋、方润华、石敬宜、伍沾德、刘家昌等，连同培华教育基金会、王宽诚教育基金会、新鸿基郭氏地产基金、华夏基金会、柏宁顿基金会、太古公司等机构，通过国家教育部累计向内地教育事业赠款总额折合人民币超过 80 亿元。

　　香港企业家在教育事业上的捐助集中于对高等教育的捐助。以浙大为例，自 1985 年至 2012 年，邵逸夫先生共向浙大捐助 7 个批次 8 个项目，总额达 3.1 亿元港币及 400 万美元。曹光彪先生先后捐资 1000 万元港币设立浙江大学曹光彪高科技发展基金，捐资 1800 万元港币建造曹光彪高科技大楼。曹光彪先生长子曹其镛先生捐赠逾亿美元成立百贤教育基金会，设立"亚洲未来领袖奖学金计划"。查济民先生为浙大捐资 2000 万美元，并于 1994 年创立了"求是科技基金会"，已奖励了包括"两弹元勋"和"神舟五号"功臣在内的 770 多位杰出科学家和青年科技英才……

　　浙大城市学院作为一所依托名城名校创办的新型高校，引起海内外的广泛关注，许多爱国人士也纷纷捐款支持它的发展。单从设立的奖学金来看，就有浙江大学旅美校友汤永谦先生捐赠的"汤氏基金"，美国江浙工商总会捐赠设立的"美国江浙工商总会奖学基金"，香港企业家陆向明女士捐赠设立的"安达克奖学金"，香港亚非纺织集团陆增祺先生捐赠设立的"陆穆堂奖学金"，查济民、刘璧如夫妇的"刘璧如国际交流基金"，魏绍相先生的"新生精英奖学基金"，唐学元先生的"商科优秀人才奖励基金"，金维明先生的"新丽助学金"，等等。这些奖学金寄托着爱国企业家们对城市学院学子的殷切期盼，希望他们在城市学院努力学习，力争上游，在未来能用自己的学识才干造福社会。

　　办学要打开大门，交友则是打开真心。我与这些企业家的交往，就是心灵的沟通，感情的沟通，也未曾想过，在浙大与城市学院的建设与发展中，这些朋友们能给予如此大的帮助。与他们的第一通电话、第一次见面都让我记忆犹新，这些年我们能一直保持这份深刻的友谊大概真的算得上是志同道合，这源于我们同样关心教育，牵挂青年一代的发展。

　　（二）定制度，明程序，用好善款

　　近年来，随着国内经济的快速发展以及有关政策的鼓励和支持，校友及企业家对于高校捐助的金额也在不断增加。我们要重视和发挥社会资源在高等教育发展中的促进作用。现在，城市学院成立了"浙江大学城市学院发展咨询委员会"，可以通过这个平台加强与外界的联络沟通。要打开各种渠道，调动校友资源，吸引热衷于教育事业、慈善事业的人士，为学院的发展作贡献。

引来资金，就要做好专业化捐助管理。吸引国内外捐赠的能力将成为影响我国大学全球竞争力的重要因素，而吸引捐赠资源的能力则取决于组织筹款与捐赠管理的专业化治理水平。之所以能吸引校友及企业家们的捐助，一个重要方面就是注重经营与校友的关系，增加感情投入，同时要辅以专业化的操作。

因此，做到捐助规范化是城市学院这些年一直坚守的原则。在捐赠流程上，首先要在充分尊重赠款人意愿的基础上，配合教育事业发展需求，积极引导，主动谋划；在捐赠项目实施过程中，制定项目管理办法，实行严格、科学的管理，做到账目清楚，核算准确；将捐赠资金纳入统一管理、集中核算、专款专用，确保捐赠项目保质保量按期顺利实施；在捐赠项目实施完成后，要将项目成果及时反馈给捐款人、机构和社会。

校友及企业家们的捐赠是基于对城市学院的情谊与信任。他们看到了城市学院这所年轻大学的蓬勃生气，感受到了城市学院师生奋发向上的拼搏精神，才会一次次帮助学校的建设，让更多的学生受益。城市学院的师生对于帮助过学校建设的校友和企业家们也铭记在心。城市学院通过编写校史、发放宣传图册等方式向学生介绍这些资助城市学院建设的企业家们，让学生了解自己使用的实验室、教学楼，领取的奖学金中都有热心的校友和企业家的一份心血。我们也会组织城市学院的师生通过登门拜访、信件来往的形式向支持城市学院发展的企业家们表达感谢。

（三）通过爱国主义教育激励学生回报社会

在和这些热心支持教育的校友、企业家们的交往过程中，我深深感受到他们的爱国情怀和社会责任感。汤永谦先生在炮火纷飞的年代随浙大西迁求学，学成归来后白手起家，开拓创新，以出色的业绩荣获美国政府授予的"亚裔商业杰出奖"和纽约市政府授予的"杰出企业奖"，最后报效祖国，支持母校建设；范岁久先生只身一人乘火车横穿亚欧大陆，前往遥远的丹麦，怀着"农业救国"的理想，在异国学习先进的耕作技术，后来成为丹麦有名的"春卷大王"，也不忘回报祖国，回报母校；查济民先生与妻子刘璧如女士成立的"求是基金会"对祖国科技事业的发展起到了积极的推动作用；魏绍相先生一生勤俭质朴，他崇尚教育，关爱后代，对教育的捐助不遗余力；唐学元、唐大威父子，陈曾焘、陈仰宗父子，金如新、金维民父子，代代传递着爱国情怀，代代支持着教育的发展，他们对浙大、浙大城市学院的支持帮助，情真意切，感人肺腑。

这些默默奉献不求回报的企业家是中国教育事业的支持者，也是广大青年学子学习的楷模。爱国主义教育是校园课堂不可或缺的重要内容，而身边的榜样是最具有感染力的。这些企业家对浙大、浙大城市学院的支持不仅表现在那些有形的物质上的捐赠，他们身上那种爱国情怀、社会责任感、诚信肯干的精神更能激励我们的学生，树立正确的世界观、人生观和价值观，发奋学习科学文化知识，全面提高专业技术水平，最终报效祖国，回馈社会。

小链接

浙江大学胡建雄副校长谈邵逸夫先生捐资浙大建科学馆促学术交流

浙江大学副校长胡建雄和建筑专家一行六人，应文汇贸易服务公司的邀请，于日前抵港访问，记者闻讯前往他们下榻的酒店做了专访，请他们谈谈这次访港的目的和浙江大学开展国际学术经济交流的情况和计划。

胡建雄副校长称：香港知名人士邵逸夫先生，于年初写信给浙江大学校长韩祯祥教授表示，为了培养国家一代良材，愿意捐献1000万元港币给浙江大学，帮助其发展教育事业。接信后经过全校师生讨论，浙江大学决定用此捐款建设一座科学馆，并命名为"邵逸夫科学馆"，作为开展国内外学术交流的场所。这次代表团来港是受全校师生委托向邵逸夫先生爱国爱乡支持教育事业福及青年一代的义举和精神表示敬意和感谢！同时将经过全校讨论和建设方案竞赛选出的邵逸夫科学馆设计总体方案和模型，送请邵逸夫先生过目审定，征询宝贵意见，以便定稿施工。

其次，加强和香港高等院校的联系和学术交流。香港中文大学、香港理工学院、香港大学与浙江大学之间的友好交往已有良好的开端，中文大学马临校长、理工学院助理院长屈存华先生曾访问过浙大。这次浙大代表团来港要对上述院校进行访问考察，增进友谊和学术交流合作。

其三，这次代表团的建筑专家有兴趣对香港各类型的建筑物进行重点考察，因为香港的建筑融汇了世界各国不同的风格和特长，值得我们借鉴，作为今后进行国内建设设计的参考。此外，代表团还将和文贸公司洽谈进一步的合作，会见香港各界名流、教育界人士，探讨彼此感兴趣的合作问题。胡建雄副校长认为邓小平关于"教育要面向世界、面向未来、面向现代化"的论述是正确的，并希望通过和香港以及海外的高等院校的交流逐步实践这一教育方针。

胡建雄副校长续称，浙大代表团愿意借此机会，向香港各界介绍浙江大学的概况：浙江大学是一所综合性的理工科大学，建校有88年的历史，培养出不少在科学学术教育界方面的著名专家教授；在国内和国外也涌现出不少有较高成就的中青年教师新秀。在科研上，根据国家的需要进行重大课题的科学研究，取得了显著的成绩，有的还是开创性的项目。如大型汽轮发动机双水内冷技术、低热微膨胀水泥、全分子筛吸附硅烧法制高纯硅、新型薄内筒扁平绕带高压容器的设计、电动高速转镜装置的一种新类增速机构、超强韧白铸铁及其工艺等均先后获得科技发明奖，在西德获得5项发明专利，有165项重大科技成果获得奖项。

在教学上，浙江大学遵循"求是"的学风，坚持理论与实践结合，使学生的基础理论扎实而知识面广，学得灵活而具有独立开创钻研精神，所以浙江大学的毕业生具有专业水准和声誉。

　　地处西子湖畔、风景秀丽的浙江大学，是求学的圣地，也是国际友人、海内外兄弟院校教授专家喜欢到的地方，是进行科学探讨、学术交流的比较理想的场所。所以学校和美国、西德、日本、英国、法国、加拿大、澳大利亚、比利时等国的大学、研究机构、学术团体有较广泛的联系，如派遣留学生、互派教授访问考察、进行短期学习或讲课，举行国际性学术讨论、学术和资料交流等。邵逸夫科学馆的建设将为今后扩大国际学术交流提供良好条件。浙大希望和香港学术教育界加强联系，欢迎香港的学者到杭州来举办学术会议，以便取长补短，共同提高。此外通过文贸公司的安排和必要的考试，也欢迎港澳和海外学生、研究生到浙江大学学习研究。

　　为了加强国际学术交流，浙江大学由学者组成了国际交流合作中心，又报中央经贸部批准建立了对外技术咨询服务公司，前者是与国外学术界联系的桥梁纽带，后者可承接国外的科学研究开发任务。由于浙江大学有7个科学研究所、8间研究室、5个实验工厂和一级建筑设计院，拥有专业人才，洽谈签订技术合作项目是具有潜质的。

（《香港文汇报》1985年6月10日）

第六章　国际化教育，未来发展之路

　　浙江大学城市学院办学 20 年来，在教育国际化方面积极探索，开展多种合作交流方式，切实培养了一批具有全球视野和国际竞争力的高端人才。城市学院参与过合作交流项目的学生往往具有全球化思维，可以更加有效地进行跨国、跨文化的交流，在工作中能够理解并灵活运用国际规则和标准。

——胡建雄

胡建雄口述

　　浙大城市学院国际化办学之路起动得早。学院成立之初，领导班子就着手国际化教育的探索，把"培养具有全球视野和国际竞争力的应用型、复合型、创新型人才"确立为办学目标和发展战略之一。城市学院的几届领导班子的办学理念超前，教育视野开阔，很有魄力。浙江大学城市学院先后与丹麦奥尔堡大学、澳大利亚南昆士兰大学、澳大利亚昆士兰理工大学、新西兰怀卡托大学等外国知名大学进行国际教育的合作与交流，是省内乃至全国较早开展中外合作办学项目的高等院校之一。

　　在国际化教育方面，城市学院有诸多优势。依托母体浙江大学的资源，还有专家咨询委员会的专家们，城市学院很快就有了很多优质的中外合作项目，而且形式多样。学院先后与澳大利亚、新西兰、美国、法国、意大利、丹麦、爱尔兰、芬兰、日本、新加坡等国和香港、澳门、台湾等地区近40所知名院校建立了校际交流与合作关系，开展教育合作。通过合作办学、课程合作、交换生计划和短期交流这些形式不一的项目，使得在校生有较多机会学习交流，开阔视野。通过近20年的摸索与实践，学院的国际化教育成效显著，成为学院办学的一个特色和亮点，赢得社会的广泛赞誉。

探索中外合作之路，深耕国际化教育

城市学院早期的几个合作项目我都有所了解，可以来谈一谈。

最早的项目是与丹麦的奥尔堡大学合作。前面提到的浙大校友"春卷大王"范岁久，我曾考察过他的"大龙"公司，这个项目就是他牵线联系的。城市学院的中外合作办学思路在创办时期就提上了日程。1999年10月16日，学院创建不到半个月，就与丹麦奥尔堡大学工程与科学学院签订了合作协议。这是我们学院与国外高校签订的第一份合作协议。奥尔堡大学是一个很有特色的大学。"问题导向式学习模式"就是奥尔堡大学的一个特色教学方法，是基于问题展开教学，以课堂习作为基础，以项目研究为手段，以团队合作为组织形式。即学生带着问题去学习，在实际动手操作的过程中学习知识。这种模式可充分调动学生的自主性，锻炼学生发现问题、解决问题、团队协作的能力。我觉得这种教学方法很适合城市学院以培养高素质应用型人才为目的办学宗旨。

1999年10月16日，丹麦奥尔堡大学一行访问浙江大学城市学院并签订合作协议

2000 年 1 月，当时鲁院长受奥尔堡大学邀请访问该校，深入了解了奥尔堡大学推行的 PBL（Problem-Based Learning），即问题导向式学习模式，并希望能够在城市学院引入和推行。后来，信电分院的乔闪老师和陈国宏老师还专门赴奥尔堡大学进修，学习 PBL 教学模式。此后，双方也有一些互访。2007 年 12 月，王立人院长率团访问奥尔堡大学，探讨双方合作事宜。

澳大利亚南昆士兰大学也是与学院最早建立合作关系的院校之一。这个学校是由澳大利亚政府主办的新型公立大学，成立于 1967 年，规模居澳大利亚第 12 位。南昆士兰大学以其高质量的教育水准和机制灵活的教学模式得到了全世界的认可，尤其是遍布在澳大利亚和世界各国的远程教育更为其赢得了国际远程教育委员会颁发的"优秀大学奖"。2000 年 11 月 20 日，学院与澳大利亚南昆士兰大学签订合作办学协议。2001 年 5 月获得浙江省教育厅批准，2006 年通过教育部复核。项目学制 4 年，全部在城市学院完成。这个合作教学班在城市学院称为"中澳双联班"。

2011 年 6 月 9 日，南昆士兰大学校监 Bobbie Brazil 女士与合作项目学生交流

从"双联班"走出了很多优秀的学生。像"中澳双联班"首届毕业生中就有好几位：周晓群，因成绩优异获得澳大利亚南昆士兰大学商学院提供的首批硕士全额奖学金，并于2005年7月赴新西兰求学。徐进捷，顺利通过法国高等商学院的考核，获得该校30万元人民币奖学金，并于2005年8月赴法求学。学校在2013年有个统计，历届中澳合作班毕业生中有近20%在国内外攻读硕士学位，20%在机关事业单位、金融机构就业，其余在大型外贸公司、大型集团公司、专业事务所等单位工作。

浙江大学城市学院还与澳大利亚昆士兰理工大学合作推出了"工程教育专业本科教育"项目。2002年8月该项目获得浙江省教育厅批准，同年9月开始招生。这个项目是城市学院工程教学改革的试点，强化英语学习，按大工程教育平台夯实基础。前期1.5年，共引进8门澳方课程。学生在完成前期1.5年的教学计划后，可选择到澳方继续后期学习。学生可在信息机械电子、电机工程、工程管理、土木工程、生物医学工程等专业方向进行选择。学院通过这个合作项目，培养了一批具有国际视野，适应国际社会需要的外向型、应用型工程类专业人才。项目共招收了三届学生，于2005年停止招生。

浙江大学城市学院与新西兰怀卡托大学合作的项目"新西兰教育合作班"也是从2002年开始的。这个项目双方合作得特别好，后来发展成一个非独立中外合作办学机构，就是现在的新西兰UW学院。

2002年那年，我们还有与新加坡义安理工学院的合作。与新加坡义安理工学院的合作形式有两种。一是交换生计划，双方互派学生到对方学校修读；二是在城市学院开设新加坡中文班。2007年，传媒学院与新加坡义安理工学院合作，开设了国际合作新加坡中文班，每年有40余名新加坡义安理工学院学生在传媒学院进行为期一学期的学习，主要学习汉语语言文学和新闻采写课程。

城市学院在国际化办学道路上勇于探索，采取了合作办学、课程合作、交换生计划、短期交流等各种方式与境外知名大学开展教育合作与交流。

2002 年 7 月 15 日，浙江大学城市学院举行赴新加坡义安理工学院师生交流团座谈会

2008 年 10 月 8 日，浙江大学城市学院与美国内布拉斯加林肯大学签署合作协议

城市学院创办前五年，就已经在国际化教育领域取得了很好的成绩，培养了大批具有创新精神和国际视野的高素质应用型人才。这些学生凭借扎实的专业知识、突出的外语能力，以及对国际运行规则的高度理解和驾驭能力，在升学、就业中展现出明显的竞争优势。

办学理念阐述

国际化办学，打造城市学院新亮点

当今世界各国综合国力的竞争归根到底是人才的竞争。我国大力加强国际化教育，目的就是提高中国学生参与国际竞争的能力。未来大学面临的挑战是如何培养出能在全球化环境下工作，能处理纷繁复杂的国际化事务和信息的人才。现在，美国、德国、法国、荷兰、日本等国家都把培养国际化人才作为教育的发展战略。像美国前总统克林顿在《关于美国国际教育政策的备忘录》中指出："为了继续在全球经济中进行成功的竞争以及维持我们作为世界领袖的作用，美国必须确保其公民对世界有广泛的了解、能掌握外语工具且具备有关其他文化的知识。美国的领导作用还有赖于和未来将在各个国家的政治、文化及经济发展方面起指导作用的人物建立密切关系。一项协调统一的国际教育战略将帮助我们成功应对双重的挑战——一方面使美国公民准备好应付全球化的环境，另一方面继续吸引和教育来自国外的未来领袖。联邦政府与大学及其他教育机构合作资助了许多计划，其目的是帮助美国公民取得国际交往的经验和技能，而这些经验和技能是他们在日益互相依赖的世界上应付挑战所必需的。"

改革开放以来，中国教育的国际化就在探索中不断前行。从最早的留学生政策确立，再到逐步开展的与英、法、德、日等多个国家的高等教育合作。进入21世纪，中国加速融入世界经济一体化进程中。教育国际化成为全球化时代教育发展的重要趋势，也是教育强国的重要手段。国务院在 2010 年颁布的《国家中长期教育改革和发展规划纲要（2010—2020 年）》中就特别提出："加强国际交流与合作。坚持以开放促改革、促发展。开展多层次、宽领域的教育交流与合作，提高我国教育国际化水平。借鉴国际上先进的教育理念和教育经验，促进我国教育改革发展，提升我国教育国际地位、影响力和竞争力。适应国家经济社会对外开放的要求，培养大批具有国际视野、通晓国际规则、能够参与国际事务和国际竞争的国际化人才。"

浙江大学城市学院在办学之初就积极开展国际教育交流与合作，把"培养具有全球视野和国际竞争力的应用型、复合型、创新型人才"确立为办学目标和发展战略之一。

目前高校中，本科生对外交流的意愿在进一步增强。像城市学院，近几年来国际化办学这一块受到越来越多的家长和学生的关注。每年学校招生咨询时，都有很多家长和学生对城市学院的"中澳双联班"、新西兰 UW 学院这些中外合作办学项目特别有兴趣，报考意愿很强。城市学院也在不断地拓展多种国际化教育的交流合作渠道以满足学生的需求。目前，城市学院与境外大学的合作交流归纳起来主要有以下几种形式：（1）合作办学。即两个学校合办本科教育项目，学生不用出国读书，便可获得"双学位"。（2）课程合作。与境外大学开展学分互认课程合作项目。（3）交换生计划。学生赴境外学习，两校互认学分。学院选拔优秀学生参与项目。（4）短期交流。学院利用寒暑假组织学生赴境外学习交流。

与海外高水平大学的合作有利于提高我们城市学院的综合办学水平。通过开展海外合作交流，我们城市学院可以学习到先进的高校办学理念、管理方法和教育模式，并将国际化理念融入我们日常的教学和科研中。开展海外合作交流还可以使师生拓宽视野，开阔思路，促进国际化人才的培养。

城市学院在国际化办学过程中强调"精品意识"。中外合作办学模式就是我们城市学院着力打造的"精品"。城市学院的中外合作办学开始于

2000 年，最先是与澳大利亚南昆士兰大学合作的项目，后来又有与澳大利亚昆士兰理工学院、新西兰怀卡托大学的合作办学项目。这些项目实行"双学位"，有两种课程设置，两种教材，外教和本地教师联合任教，强调双语教学。特别是与新西兰怀卡托大学的项目，现在已"升级"为非独立法人中外合作办学机构。2016 年，新西兰 UW 学院通过审批，成为杭州市属高校第一所非独立法人中外合作办学机构。中外合作办学这种形式有很多优势。可以引进境外优质的教育资源，如教育内容、教学方法、人才培养模式和管理经验等，推动国内高校学科建设和教师培养，促进教育教学的改革和创新。而且，通过中外合作办学，可以弥补我国当前教育资源的不足，满足国内学生对教育多元化、国际化的需求。尤其是学生可以在家门口享受"留学"待遇，大大降低了教育成本。

浙江大学城市学院办学 20 年来，在教育国际化方面积极探索，开展多种合作交流方式，切实培养了一批具有全球视野和国际竞争力的高端人才。城市学院参与过合作交流项目的学生往往具有全球化思维，可以更加有效地进行跨国、跨文化的交流，在工作中能够理解并灵活运用国际规则和标准。很多优秀毕业生毕业后都有很好的发展，要么出国继续深造，要么在外资企业和跨国公司工作。据城市学院数据统计，截至 2019 年 6 月 19 日，浙江大学城市学院 2019 届共有 310 人到境外高校继续深造，占毕业生总数的 9.10%。其中，200 名毕业生进入世界排名前 100 位的境外高校学习，占出国出境深造总人数的 64.52%；104 名毕业生被世界排名前 50 位的境外高校录取，占比 33.55%；5 名毕业生进入世界排名前 10 位的境外高校，占比 1.61%。浙大城市学院与新西兰怀卡托大学合作办学项目应届毕业生海外深造录取率达 70.87%，其中 87.67% 被伦敦大学学院、澳洲国立大学、墨尔本大学等世界百强大学录取。

亲历者访谈

UW 学院开启国际化办学新篇章

浙大城市学院副院长朱永平： 浙江大学城市学院与新西兰怀卡托大学合作项目"新西兰教育合作班"（简称 UW 项目）经过 18 年的发展，取得令人骄傲的成绩。这个项目从最初的金融学专业本科教育发展为合作成立一个非独立法人中外合作办学机构（简称新西兰 UW 学院），这期间经历了两个学校的通力合作，有很多的经验可以总结。这个项目算是城市学院国际化办学的一个标志性成果。

怀卡托大学是新西兰八所国立大学之一，被誉为"南半球的哈佛大学"，其学术成就和世界级科研成果已被广泛认可。在教育教学、国际化、就业能力等领域成绩卓著，被评为 QS（Quacquarelli Symonds 公司的简称）"五星级大学"。

两校合作举办的金融学专业本科教育项目是 2002 年获得浙江省教育厅批准的，2006 年通过教育部复核，并于 2009 年获批延长合作期限至 2016 年 12 月 31 日。同时，项目年招生人数经批准自 2011 年起由 80 名增至 120 名。

新西兰政府对这个合作项目非常重视。2002 年，学院与新西兰怀卡托大学签订合作办学协议时，新西兰教育部长特雷佛·马拉德、驻华大使约翰·麦克农出席了签字仪式。2003 年，在浙江大学城市学院与新西兰怀卡托大学合作项目的开学典礼上，新西兰驻沪总领事 Pam Dunn、移民签证部领事 Darrin Curtis 及调研主管蒋顶到会祝贺。同年 10 月，新西兰怀卡托大学校长 Bryan Gould 来城市学院访问。2007 年 3 月，新西兰驻沪总领事 Wen chin Powles、驻华大使馆教育参赞 Hammish Forsyth 来学院讲学。驻华大使馆教育参赞 Michle Swain 曾三次到访学院，更有三任教育部长到访学院，可见新西兰政府对这个项目的重视程度。

UW 项目学制为四年，分三个阶段完成：第一阶段 2.5 年，强化基础英

2002 年 5 月 13 日，在新西兰教育部长特雷佛·马拉德、驻华大使约翰·麦克农、杭州市副市长项勤见证下，浙江大学城市学院与新西兰怀卡托大学签订合作协议

语，修读学术英语、基础核心课程和专业核心课程；第二阶段 1 年，修读由国内外优秀师资讲授的 8 门原版教材课程，国内教师实行双语授课；第三阶段 0.5 年，完成毕业论文。项目培养计划、课程设置、骨干师资聘任、教学管理等由中新双方共同商定。

有意愿赴新西兰交流的学生，在完成并通过前 2.5 年学习，同时达到怀卡托大学的英语要求，可申请赴新西兰交流学习 1 年，完成怀卡托大学相关课程后，可申请怀卡托大学的学士学位证书。

从 2011 年起，学院对项目第一阶段进行了重大改革，进一步引进合作方的优质教学资源，基本按照怀卡托大学的课程设置体系和培养模式进行教学。第一学年学术英语实行全外文教材、全外籍教师、全英语授课，数学类基础课程实行全外文教材、双语授课；第一学年从第二学期开始，所有专业课程实行全外文教材、全外籍教师、全英语授课，其中 8 门专业核心课程由怀卡托大学负责聘任骨干师资、制定教学大纲、提供教材并进行质量控制。

UW 项目合作非常成功。十多年来，培养了一批有着全球视野和国际竞争力的高素质优秀学生。截至 2017 届，UW 项目共培养 800 余名毕业生。在近两年的毕业生中，40% 以上的毕业生选择继续赴海外深造，大部分毕业生进入全球或全美排名前 100 的大学攻读硕士研究生；1/3 以上毕业生在金融领域就职。

2012 年，项目再次申请延期并获批准，项目有效期延至 2021 年 12 月 31 日。2014 年，吴健院长与怀卡托大学校长 Roy Crawford 共同签署成立非独立法人中外合作办学机构：浙江大学城市学院怀卡托大学联合学院（简称新西兰 UW 学院）的意向书。2015 年 7 月 8 日，吴健院长与怀卡托大学校长 Neil Quigley 共同签署合作协议，正式决定共建新西兰 UW 学院。UW 学院成立后，自 2017 年开始，项目招生并入新西兰 UW 学院。

新西兰 UW 学院的申办过程也是值得一谈的。

新西兰 UW 学院 2016 年 9 月审批通过，成为杭州市属高校第一所中外

2015 年 7 月 8 日，浙江大学城市学院—怀卡托大学联合学院签约仪式

合作办学机构。当时，浙江省非独立的中外合作办学机构仅有 4 个。第一个是浙江科技学院中德工程师学院，于 2014 年审批通过，与德方有 30 多年的合作历史。第二、三个都是浙江大学海宁校区的两个机构，分别为浙大与英国爱丁堡大学、浙大与美国伊利诺伊大学厄巴纳—香槟校区的合作。2016 年审批通过后开始招生。城市学院的新西兰 UW 学院于 2016 年 9 月审批通过，所以 2016 年来不及招生，2017 年正式开始招生。

当时中外合作办学机构非常少，城市学院前往教育部答辩时，大家都非常奇怪，浙江大学城市学院作为一所独立学院，怎么有可能进行中外合作办学。从之前的情况来看，国家审批通过的都是 985、211 院校或者省重点大学。独立学院怎么会来申报呢？教育部的领导们带着疑惑对城市学院进行了一番了解，认为城市学院从某种意义来说是一所独立的公办高校，因为我们没有任何民间资本，也没有企业参与，综合看学院整体水平较高。加之与新西兰怀卡托大学已有 15 年的合作办学历史，有着良好的办学基础。新西兰政府的支持力度也很大，三任教育部长都来学院访问。这个项目也是新西兰国立大学在中国办的唯一的关于本科的项目。

在教育部答辩时，新西兰驻华大使馆教育参赞也要求进入答辩现场旁听，这让教育部领导感到惊讶，以往的中外合作办学机构答辩会，只需要双方校长在场，从未有过大使馆官员要求旁听的情况。可见新西兰政府对这个项目的重视。

2017 年 5 月 18 日，新西兰 UW 学院的成立仪式在浙江大学城市学院图信报告厅举行。浙江大学校长、城市学院董事长吴朝晖，新西兰高等教育、技能与就业部长保罗·高德史密斯共同为新西兰 UW 学院揭牌。

新西兰 UW 学院成立后，从 2017 年开始招生。在专业设置上，特别考虑到为杭州提升国际化水平，打造国际会议目的地城市、国际重要的旅游休闲中心培养高素质优秀人才而服务，设置了金融学、工业设计、会展经济与管理三个本科专业。第一年共招了 240 名学生。

新西兰 UW 学院全面引入怀卡托大学的教学理念和优质教育资源，按

2017年5月18日，浙江大学校长、城市学院董事长吴朝晖和新西兰高等教育、技能与就业部长保罗·高德史密斯为浙江大学城市学院怀卡托大学联合学院（简称新西兰UW学院）揭牌

照新西兰高校通用的专业认证体系和怀卡托大学的教学评估体系，建立符合中新双方标准的教学质量管理体系，制定透明、兼容的质量标准。同时还将引进更多高水平的外籍教师参与教学与管理，学生可以不出国门完成学业，获得两校分别颁发的学位证书。当然，学生也可选择在读期间申请去怀卡托大学交流学习一学期或一学年。这意味着浙江考生在家门口就能享受到优质的本科留学教育资源。

结　语

　　在采访期间，胡建雄顾问一直向我们强调一个办学理念：浙大城市学院是名城名校合作办学，必须依托浙大，立足杭州，服务浙江，形成良好的循环机制。

　　首先，在浙大与城市学院之间有一个内循环。浙江大学的学科、知识和人才被引流到城市学院，城市学院的优秀学生则可通过考核、筛选，流向浙大。我们要进一步加强城市学院和母体浙江大学之间各方面的联系，把这个循环搞活。然后是高校与社会之间的一个外循环。我们要考虑城市学院的研究成果和毕业生如何高效高质地流向社会。要重视政校之间的合作，通过搭建平台、项目合作等多种方式，让城市学院的师生服务杭州，服务浙江。反过来，也要多方吸纳浙江省、杭州市的科技发明，把社会上最新鲜、最先进的科技知识融入日常教学中，发挥社会企业的能量来支持城市学院的发展。这样，城市学院和浙大，城市学院和杭州乃至浙江，内外循环一起走，两个循环之间相互促进，共同发展。从这个意义上说，城市学院才能真正成为浙大的学院和杭州的学校。

　　从1961年入职浙江大学至今，近60年来，胡建雄顾问一直在高等教育领域辛勤耕耘。他对自己的定位就是一名园丁。所以我们就用他的一首诗《园丁之路》来作结，也以此共勉。

园丁之路

学海书山求是风，新秀云集心潮涌。

攀登奋力辟蹊径，竞渡千帆气若虹。

登高望远启妙思，实事求是练内功。

不羡粉墨梁上客，敢当现代新愚公。

后　记

2018 年 10 月，城市学院宣传部和传媒分院希望我组建一个写作团队，采访城市学院顾问胡建雄，以他的视角写一本书，对城市学院二十年的发展历程做一个全面的回顾和总结，以此向城市学院建院 20 周年献礼。

胡建雄顾问是浙江大学的老校长。从 1984 年至 1998 年，他历任浙江大学副校长、常务副校长。1999 年退休后又接受时任浙江大学校长潘云鹤的邀请，担任浙江大学城市学院顾问。城市学院创办至今二十年，胡建雄顾问始终关心着城市学院，利用各方资源帮助、支持城市学院的建设和发展。他是城市学院创建者之一，也是城市学院二十年历程的参与者和见证者。因此，胡建雄顾问独具特色的个人视角的回顾具有重要的史料价值。

从 2018 年 11 月到 2019 年 4 月，历时 6 个月，我带领 6 名学生，多次到胡建雄顾问位于清泰街的寓所访谈。胡建雄顾问虽已年高 82 岁，但精力充沛、思路清晰、反应敏捷。他回忆起浙大、浙大城市学院的往事，总是娓娓道来，如数家珍。正是胡建雄顾问的一次次口述，城市学院创建、发展、壮大的整个过程在我们眼前逐渐呈现出清晰完整的面貌。

在这本书的写作过程中，我们得到了很多人的帮助。

刚接到任务，城市学院李磊副书记就抽出时间，领我去拜访胡建雄顾问。我们畅谈了近两小时。胡建雄顾问、李磊副书记就这本书的总体写作思路提出了指导性的意见。书稿写成后，又是李磊副书记帮助联系了浙大档案馆、科研院和光电学院，邀请了张淑锵、洪扬、赵田冬、陈瑞祎、章哲恺、王子余等 6 位老师对涉及浙大历史的内容进行核实，务求所述事实确凿无误。

胡建雄顾问的回忆既有清晰的脉络，也不乏生动的细节。但毕竟年事已高，有些事情的过程和细节难免模糊。后来，我们根据胡建雄顾问的建议采访了城市学院的相关领导和老师。

2018年年底，我们采访了城市学院常务副院长斯荣喜。他在百忙之中向我们详尽地回顾了城市学院在办学资金筹措运作过程中的点点滴滴。他向我们强调了一点：城市学院创建以来，杭州市历任市长都关心着城市学院的发展，在经费上给予了强力支持。

2019年年初，朱永平副院长向我介绍了新西兰UW学院成立的整个来龙去脉，尤其是申办过程中的那些细节，讲得生动有趣。最后，朱永平副院长还领着我走遍了新西兰UW学院整个大楼。他的平易、宽厚和幽默给我留下了深刻印象。

我们还采访了党政办主任徐慧萍、国际交流与合作部部长魏慧琴、传媒分院书记张兰欣、会展中心副主任郁全胜等老师。有些已经退休的老师，像原教育中心主任潘克宇、原科研部部长王忠法，还专程回学校接受采访。商学院的朱建安老师也提供了有关家族经济研究所的资料。这些采访从各个角度充实了胡建雄顾问的口述，更多的办学细节得以呈现。

此书得到了城市学院吴健书记的悉心指导。她就初稿的体例、章节内容等提出了宝贵意见。根据她的意见修改后，书稿的整体思路更加严密清晰，重点也得到了突出。

沈哲和徐波老师对书稿进行了认真核实和校对，并提供了很好的修改意见。

整个书稿的推进要感谢党委宣传部的领导和工作人员：潘燕军、戴笑笑和王鹏。他们帮助联络采访对象，联络出版社，提供相关图片，并跟进书稿的写作和出版工作，给我们提供了切实的帮助和建议。

写作团队的6位学生是传媒分院的薛珊珊、朱倩、汪妍、陈靖艺、郑露和赵梓翔。传媒分院学生楼小丽和钱晨菲对书稿也有帮助。

　　在这炎热的夏季，浙大出版社的卢川老师不辞辛劳加班编辑，促成了此书的出版。

　　这本书稿凝聚了很多人的努力，在此一并致谢。

唐　濛

2019 年 8 月 13 日

图书在版编目（CIP）数据

陪伴浙江大学城市学院兴学二十年：胡建雄访谈录 /
唐濛编著. -- 杭州：浙江大学出版社，2019.10
ISBN 978-7-308-19547-8

Ⅰ.①陪… Ⅱ.①唐… Ⅲ.①胡建雄—访问记 Ⅳ.
①K825.46

中国版本图书馆CIP数据核字（2019）第204708号

陪伴浙江大学城市学院兴学二十年：胡建雄访谈录
唐　濛　编著

责任编辑　卢　川
责任校对　丁沛岚
封面设计　周　灵
出版发行　浙江大学出版社
　　　　　（杭州天目山路148号　邮政编码：310007）
　　　　　（网址：http://www.zjupress.com）
排　　版　浙江时代出版服务有限公司
印　　刷　杭州高腾印务有限公司
开　　本　710mm×1000mm　1/16
印　　张　12
字　　数　166千
版 印 次　2019年10月第1版　2019年10月第1次印刷
书　　号　ISBN 978-7-308-19547-8
定　　价　58.00元